Einaudi Ragazzi

Storie e rime

422

Collana diretta da Orietta Fatucci

ISBN 978-88-7926-879-0

www.edizioniel.com

Erminia Dell'Oro

La scimmietta Gratta Gratta

e altre storielle

Illustrazioni di Elisabetta Decontardi

Einaudi Ragazzi

La scimmietta Gratta Gratta
e altre storielle

La scimmietta Gratta Gratta

La chiamavano Gratta Gratta, la scimmietta del circo, perché quando era nervosa non faceva che grattarsi.

Una sera, invece di presentarsi sul palco a fare le acrobazie, Gratta Gratta uscí di nascosto da una porticina e sparí nel buio.

Gli uomini e le donne che lavoravano nel circo andarono a cercarla in ogni angolo. La scimmietta era sparita.

– Gratta Gratta! – gridavano i bambini. – Vogliamo Gratta Gratta!

L'elefante Paija si avvicinò all'amica. – Secondo me è scappata, – le sussurrò all'orecchio.

– L'aveva detto che voleva fuggire, – disse l'elefantessa. – Era cosí triste, cosí nervosa.

– Brrr, – fece il leone. – Andare fuori con questo freddo.

– Gratta Gratta! – urlava furibondo il padrone del circo.

Ma della scimmietta non c'era traccia.

Per tenere buoni i bambini, si presentò sul palco un gorilla, e fece di quei salti, di quei versi, che nessuno piú gridò.

Si presentarono gli elefanti, e il piccolino, per divertirsi, gettò dell'acqua dalla proboscide.

Si divertirono anche i bambini, sebbene alcuni fossero bagnati e le mamme arrabbiate.

Arrivò il pappagallo, e svolazzando ne disse di tutti i colori:

Gratta Gratta è proprio matta,
se n'è andata nella sera,
forse torna a primavera,
anche noi vogliamo andare,
fra gli alberi o nel mare.

– Cooosa cooosa? – Il padrone del circo non sapeva piú che pesci pigliare, sebbene di pesci non ce ne fosse nemmeno uno. – Scusate, signori, scusate, – gridava inchinandosi, finché gli cadde la parrucca. – Scusate scusate, i miei animaletti sono impazziti, abbiate pazienza.

Il poveretto non poteva nemmeno piú mettersi le mani nei capelli, e gli «animaletti», alcuni grandi come una casa, se ne andavano su e giú per il palco.

Il pappagallo intonava una filastrocca dietro l'altra, l'elefantino era felice di disobbedire, per una volta.

I bambini non si erano mai divertiti tanto, nemmeno guardando i salti acrobatici di Gratta Gratta.

Sola, nel buio e al freddo, la scimmietta, invece, non si divertiva affatto.

Voleva tornare a casa. Ma come?

Gratta Gratta era nata ai piedi di un bellissimo monte africano. Su quel monte e sulle montagne vicine vi erano moltissime piante di fichi d'India piene di frutti.

Era una grande famiglia, quella della scimmietta, con genitori, nonni, zii, cugini, fratelli, sorelle. Di famiglie come la sua ce n'erano tante su quelle montagne.

Gratta Gratta e i suoi fratelli, i suoi amici, si divertivano a salire velocemente sulla cima del

monte che pareva toccare il cielo, per guardare, lontano, la macchia blu del mare.

Vicino ai piedi del monte, una lunga strada, tutta curve, scendeva verso la pianura, sfiorando paurosi precipizi.

– Non attraversate da soli quella strada, – raccomandavano le scimmie adulte. – È pericoloso, arrivano all'improvviso le automobili, i camion. E non state là a curiosare se qualcuno si ferma.

Ma le scimmiette ogni tanto disobbedivano. Attraversavano la strada per correre e saltare sull'orlo dei precipizi.

Un giorno Gratta Gratta si staccò dal gruppo. Senza farsi notare, attraversò la strada da sola.

Voleva vedere da vicino un grande uccello dalle ali colorate che si era posato su un cespuglio.

In quel momento si fermò sulla strada anche un'automobile. Scesero due uomini. La scimmietta si voltò curiosa verso di loro. Non aveva paura. Ogni tanto qualcuno lanciava alle scimmie delle noccioline o dei pezzetti di pane.

In un attimo, mentre l'uccello volava via, Gratta Gratta si trovò impigliata in una rete.

– È la scimmietta piú graziosa che abbia mai visto! – esclamò uno degli uomini, mettendola dentro l'automobile.

Gratta Gratta si divincolava, cercava di liberarsi, ma niente da fare.

Dopo un viaggio in mare, chiusa in una gabbietta, finí nel «Circo delle mille sorprese».

Gli altri animali la accolsero con simpatia.

Il serpente si alzò in tutta la sua lunghezza e le fece un inchino, il gorilla se la prese in braccio e le grattò affettuosamente la testa.

– Non avere paura, piccolina, ti proteggeremo noi, – le disse.

Ma la scimmietta era triste, e le sembrava che anche gli altri animali non fossero molto allegri.

Vestita con una tutina rosa tutta luccicante, Gratta Gratta faceva i salti mortali, le capriole, era felice per i tanti applausi dei bambini, ma finito lo spettacolo diventava triste e pensava al suo monte.

Una notte sognò sua nonna, una scimmiona che le aveva raccontato molte storie.

Quante volte era stata sulle spalle della nonna, che le aveva fatto provare la felicità e le emozioni dei salti che lei ancora non sapeva fare.

Piccola cara, torna da noi,
ce la puoi fare se tu lo vuoi.
Fuggi dal circo, attraversa il mare,
piccola cara, ce la puoi fare.

Gratta Gratta, sentendo nel sonno la voce della nonna, vedendola sulla cima del monte, si svegliò emozionata.

Un brivido le fece rizzare il pelo. Capí che doveva fuggire.

La scimmietta fece una lunga corsa nel buio, arrivò in un parco e si arrampicò su un albero.

«E adesso? – pensò. – Fa presto la nonna a dire di attraversare il mare, non so nemmeno dove sia!»

C'era la luna, la stessa luna che la scimmietta vedeva dai suoi monti. Se ne stava tranquilla nel cielo a guardarsi tutto il mondo.

Gratta Gratta la salutò con affetto, come se avesse ritrovato un'amica.

Stanca e infreddolita, saltò da un albero all'altro, poi scese a bere a una fontanella, e a mangiare avanzi di biscotti lasciati dai bambini.

Si addormentò sotto una panchina.

– Cra cra cra cra cra cra.

La scimmietta si svegliò all'alba e vide su un ramo una cornacchia che continuava a gracchiare.

In un attimo si arrampicò sull'albero e le andò vicino.

– E tu chi sei? – gracchiò l'uccello saltando su un altro ramo. – Cosa ci fai qua?

Gratta Gratta, che conosceva le cornacchie, le raccontò la sua storia.

– Eh, carina! – gracchiò la cornacchia. – Ti sei messa nei guai. Al circo ti davano da mangiare, avevi degli amici...

– Voglio tornare a casa, – piagnucolò la scimmietta.

La cornacchia beccò un vermicello che passeggiava su un ramo.

– Devo trovare il mare, – soggiunse Gratta Gratta.

– Cra cra cra, – la cornacchia sospirò. – Ci mancava anche questa. Incontrare uno strano animaletto che vuole tornare a casa. Come se la tua casa fosse a un volo da qui.

La scimmietta si grattò disperata la testa.

– Sai cosa facciamo? – fece la cornacchia. – Ti guido io al mare. Non è molto lontano. Tu mi seguirai sugli alberi, e quando non ci saranno piú alberi, ti metterai a correre. Farò voli brevi.

Gratta Gratta fece un piccolo salto di gioia. Aveva incontrato un'amica.

Non si era mai vista una cosa del genere. Una scimmietta e una cornacchia, una saltava di ramo in ramo, e l'altra volava.

Giunta vicino alle case, la scimmietta si mise a correre, cercando di non farsi vedere.

– Attenta! – gracchiava la cornacchia volando in basso. – Stai molto attenta!

Ogni tanto si riposavano, una accanto all'altra, in qualche angolino nascosto.

Finché giunsero nella città di mare.

– Mamma! – urlò un bambino. – Guarda, c'è una scimmietta che corre.

– Una scimmietta? Io non vedo niente. Leggi troppe storie!

Gratta Gratta intanto aveva raggiunto il porto, seguendo il volo della cornacchia.

Navi grandi e piccole si dondolavano sul mare.

– Aspettami qua e non farti vedere da nessuno, – gracchiò la cornacchia alla scimmietta. – Vado a vedere.

Gratta Gratta si nascose in mezzo a dei sacchi, la cornacchia volò su una nave. Scrutò tutte le imbarcazioni, poi si diresse verso un piroscafo sul quale stavano salendo dei passeggeri.

Le signore avevano dei cappelli di paglia legati alle borse, gli uomini indossavano gilè con tante tasche e portavano macchine fotografiche appese al collo.

– Ciao cara, – stava urlando al cellulare una signora con scarpe sportive e tuta rossa. – Siamo in partenza per l'Africa, non vedo l'ora di toccare quella terra.

Alla cornacchia tremarono le penne, volò via dalla nave e andò da Gratta Gratta.

– Presto, presto! – gracchiò. – C'è una nave che parte per l'Africa. Salta a bordo senza farti vedere.

– E tu? – piagnucolò Gratta Gratta.

La cornacchia allargò le penne. – Sorpresa! – gracchiò soddisfatta. – Vengo anch'io. Non ti lascio sola –. Beccò un moscerino di passaggio. – E poi, carina, – soggiunse, – l'idea di un viaggio in Africa non mi dispiace. L'Africa! Non ci avevo mai pensato.

La scimmietta batté le mani. – Grazie Cra Cra. Vedrai tanti simpatici corvi sui miei monti.

– I corvi sono dei gran pettegoli, – gracchiò la cornacchia. – Mettono sempre il becco negli affari degli altri. Ma ora sbrigati, salta sulla nave.

E volò sull'albero piú alto del piroscafo.

Gratta Gratta non riuscí a nascondersi fra i bagagli, perché erano già stati caricati.

Non sapeva come fare, c'era gente nel porto e sul ponte.

Mentre i marinai stavano per tirare su la scaletta, Gratta Gratta fece un grande balzo.

Anche una signora fece un salto.

– C'è una scimmia! – gridò. – Una scimmia a bordo!

– Una scimmia? – sorridevano tutti, divertiti. – Non siamo ancora in Africa.

– L'ho vista, l'ho vista!

Nessuno le credette.

Gratta Gratta se ne stette tutto il tempo del viaggio nascosta. Era talmente piccola che trovava tanti angoli in cui infilarsi. Usciva a volte di notte. La cornacchia le dava da mangiare pezzettini di biscotti, di pane, e di altre cose buone trovate qua e là.

– Accidenti, – dicevano i camerieri. – Quella cornacchia che viaggia con noi entra anche nel salone da pranzo. Oggi si è presa i grissini.

Alcuni passeggeri si stavano affezionando a Cra Cra, le avevano dato un nome e le davano sempre qualcosa da mangiare.

In pochi giorni arrivarono in un porto africano.

Gratta Gratta si nascose tra i bagagli che venivano scaricati.

Appena riuscí a correre fuori dal porto, guardò il cielo grande, blu. Finalmente la luce che aveva sempre conosciuto.

– Eh, carina, – gracchiò la cornacchia. – L'Africa è grande, dicono. Non pensare che troviamo subito i tuoi monti.

La scimmietta, seduta sotto una palma, si grattava la testa. Non sapeva in che direzione andare, e non lo sapeva nemmeno Cra Cra.

La cornacchia chiedeva qua e là agli uccelli dove fosse un paese con monti e mare.

Quelli scuotevano le ali. Suggerivano che forse sarebbe stato meglio andare verso sud. Di paesi con monti e mare ce n'erano tanti.

Si spostarono verso sud, di albero in albero, di deserto in deserto. In una foresta Gratta Gratta incontrò una leonessa, muso a muso. Fu un momento terribile. Quella stava per mangiarsela, ma Cra Cra piombò sulla testa della belva affamata e, beccandola, la distrasse.

Gratta Gratta, sebbene mezza morta di paura, riuscí a saltare su un albero. Era disperata. Si teneva la testa fra le mani e singhiozzava.

– Non ce la faremo, – diceva.

– Se ti arrendi, carina, non arriveremo mai. Devi convincerti che ce la faremo, – disse la cornacchia.

– Fai presto a gracchiare, tu, – replicò la scimmietta.

– Ora basta piagnucolare. Andrò io a cercare il tuo paese, volando alto. Sarà piú semplice. Tu te ne starai tranquilla in un luogo sicuro ad aspettarmi.

Volando e volando, mentre Gratta Gratta se ne stava in un palmeto con altre scimmie, purtroppo dispettose, la cornacchia scese su molti monti. Finché ne vide uno altissimo, con vicino altri monti e montagne ricoperti di fichi d'India. Vide la lunga strada che si srotolava fra le curve e i precipizi. Scese in picchiata.

Un corvo dalle piume nere e lucide le si avvicinò. – Non sei di qua, – gracchiò. Aveva occhi nerissimi, vivaci.

La cornacchia lo scrutò con interesse. – No, – disse. Non le sembrava vero poter gracchiare con un corvo africano.

Gli raccontò la storia di Gratta Gratta ed ebbe conferma, dal corvo, che su quel monte c'erano delle scimmie disperate per la scomparsa di una loro figlioletta.

La cornacchia non stava piú nelle piume dalla felicità. Salutò il corvo e riprese il volo al contrario.

Fu un lungo viaggio, ma Gratta Gratta correva, saltava, la notizia che le aveva portato Cra Cra le dava una grande carica di energia.

Il cielo era ricoperto di stelle. La mamma di Gratta Gratta, che non riusciva a dormire pensando alla sua scimmietta, se ne stava al buio su una roccia. Era molto triste. Un corvo le si avvicinò.

– Cosa vuoi tu a quest'ora? Hai ancora voglia di chiacchierare? – disse la mamma di Gratta Gratta.

– Scendi, svelta. Sta arrivando qualcuno!

Altri corvi, che erano già informati di tutto, erano andati a svegliare le scimmie.

Tutta la tribú si precipitò ai piedi del monte.

La luna illuminava la notte, i serpenti russavano, le iene che abitavano da quelle parti si mandavano messaggi.

All'improvviso, apparve una cornacchia. Dietro di lei saltava Gratta Gratta. Appena vide la sua mamma, fece il balzo piú felice della sua vita e le cadde tra le braccia.

Non vi dico che festa quella notte! Dalle case di un paesino vicino ai monti uscirono anche i bambini. Le scimmie ringraziarono la cornacchia e la pregarono di rimanere con loro. I corvi le portarono mazzetti di vermicelli.

Da allora Gratta Gratta non si avventura piú, da sola, sulla strada. Va a vedere le auto che passano insieme alle altre scimmie, guidate dal capo tribú.

Il monte vicino al cielo ascolta il chiasso delle scimmie, il canto degli uccelli, il gracchiare dei corvi. E si sente meno solo.

Il bambino che portava l'acqua

Il giorno in cui Petros compí otto anni, un vecchissimo zio gli regalò Aikí, un asino dal pelo grigio e dai grandi occhi dallo sguardo mite e un po' triste.

– Sono troppo vecchio, Petros, – gli disse lo zio. – L'asino che dono a te e alla tua famiglia sarà un amico prezioso.

Da quel giorno Petros non dovette piú camminare per mezza giornata, fra andata e ritorno, per andare a prendere l'acqua in un pozzo molto distante.

Il bambino abitava in un piccolo paese, fra deserti e montagne. Un paese in cui c'era sempre il sole e tanto spazio per giocare all'aperto. Ma i bambini avevano poco tempo per giocare, tranne nei giorni di festa.

Oltre ad andare a scuola, aiutavano in piccoli lavori gli adulti, o andavano fino al lontano pozzo a prendere l'acqua. In quel paese non pioveva quasi mai.

Il padre, la mamma di Petros, anche il nonno, coltivavano un pezzetto di terra arida, spaccata dal sole. Facevano molta fatica a far crescere il grano, le lenticchie, e altre poche piante.

Il grande problema era l'acqua: la terra soffriva, aveva molta sete.

L'acqua che Petros portava dal pozzo serviva per lavarsi, cucinare, innaffiare le piante e, soprattutto, per bere.

Petros andava a scuola, il mattino. Non una scuola come tante altre, con un tetto, le aule, la palestra, ma un albero. Uno degli alberi piú grandi che esistono.

Il sicomoro aveva piú di seicento anni, e un immenso ombrello di rami e di foglie. Fra quei rami abitavano uccellini di tutti i colori, che andavano e venivano cinguettando e costruendosi i nidi.

I bambini sedevano sotto il grande albero, chiamato anche *l'albero dei desideri*, e stavano molto attenti, mentre il maestro spiegava, o raccontava le storie del loro paese.

Petros pensava spesso al desiderio da esprimere sotto l'albero, ma doveva trovare quello giusto, non uno qualsiasi, per non sprecarlo. Il sicomoro, si diceva, esaudiva un solo desiderio.

Per Petros, Aikí era davvero un amico prezioso. Gli saliva in groppa, dopo avere sistemato le due borse da riempire d'acqua, che l'asino portava legate ai fianchi.

– Andiamo, amico.

Insieme si avviavano verso il pozzo lontano.

– Mi raccomando, – diceva sempre a Petros sua mamma, – torna prima che scenda il buio.

– Torna prima che scenda il buio, – ripeteva la sua sorellina piú piccola.

– Ci sono le iene, i serpenti, – diceva il fratellino.

– Ci sono le ombre della notte, – sussurrava la nonna. – È meglio non incontrarle.

Un giorno Petros tornò tardi da scuola. Un suo amico si era sentito male, e lui lo aveva accompagnato a casa.

– È tardi per andare a prendere l'acqua, – gli disse la mamma. – Andrai domani.

Petros vide che di acqua non ce n'era quasi piú. – Faremo in fretta. Aikí sa correre, è veloce come uno struzzo.

La mamma sorrise: nessuno era veloce come lo struzzo. – Va bene. Vai, ma torna prima che venga il buio.

Petros e Aikí erano soli, in quel paesaggio di luce, di sabbia e di pietre. Ogni tanto incontravano delle caprette che brucavano cespugli di spine.

Petros non voleva far correre Aikí, faceva molto caldo, e il bambino temeva che l'asino soffrisse troppo la sete.

– Aikí sopporta tutto, – gli aveva detto il vecchio zio, – e non devi preoccuparti.

Ma per Petros l'asino era davvero un amico, e si preoccupava per lui.

– Ti racconto una storia, Aikí, – disse Petros, nel silenzio del deserto. Era sicuro che ad Aikí piacesse ascoltare la sua voce, in quella solitudine. – Ti racconto la storia del Grande Serpente e della Bellissima Regina.

L'asino mosse il capo, come se avesse capito.

– È la storia del nostro paese, – soggiunse Petros. – Ce l'ha raccontata il maestro, e la racconta sempre anche Elias, l'uomo dei mille racconti.

In un tempo lontano, gli abitanti di questo paese vivevano nella paura. La paura del Grande Serpente, che terrorizzava tutti.

La sua ombra attraversava le montagne, i deserti, e il suo respiro scoperchiava le case, avvelenava l'acqua.

Il Grande Serpente catturava le giovani donne e le teneva prigioniere nella sua immensa e buia caverna.

Finalmente venne il giorno della liberazione. Un bellissimo giovane, forte e coraggioso, abbatté la sua spada sul Grande Serpente e lo uccise.

Le prigioniere uscirono dalla caverna. Fu il giorno piú bello della loro vita. Il paese era libero e gli abitanti cantarono e ballarono per molti giorni.

Il giovane coraggioso ottenne, in cambio del suo gesto, che tutti i suoi discendenti venissero incoronati re.

Sua figlia Makeda, che dal padre aveva ereditato la bellezza e il coraggio, divenne una famosa regina, molto amata dalla sua gente.

Un giorno un viaggiatore volle incontrarla, per raccontarle di un re potente, ma soprattutto molto saggio, che regnava in una bellissima città.

– E dov'è questa città? – domandò Makeda, incuriosita.

– È molto distante, – rispose il viaggiatore. – Ci vogliono mesi per raggiungerla con le carovane.

La regina andò a sedersi, sola, sotto un sicomoro. «Vorrei conoscere quel re» pensò, con la speranza che il suo desiderio si avverasse.

Dopo poche settimane la regina Makeda, che non aveva paura di niente, partí, accompagnata dai consiglieri, dai suoi uomini piú fidati, dalle amiche piú care, dai servitori.

Cavalli, cammelli carichi d'oro, di gioielli, di spezie, elefanti che portavano tessuti preziosi, attraversarono deserti e montagne.

Finalmente la carovana giunse nella splendida città, dove regnava il re saggio.

La regina Makeda, bellissima nella lunga veste ricamata d'oro, si presentò a lui e gli disse che portava doni dal suo lontano paese. Il re si innamorò subito di Makeda e le chiese di fermarsi nella sua città: l'avrebbe ospitata nello splendido palazzo.

Anche Makeda si innamorò del re, e accettò la sua ospitalità.

Si sposarono ed ebbero un figlio. Quando il ragazzo compí diciotto anni, lasciò la città del padre, venne nel nostro paese e diventò re.

Petros e Aikí arrivarono al pozzo quasi senza accorgersene. La storia della regina Makeda era stata una compagna di viaggio.

Al pozzo incontrarono i pastori con i buoi, il mercante di cammelli, le donne con gli abiti di tanti colori, la bambina Ruth con una tanica quasi piú grande di lei.

Si conoscevano tutti, ed erano felici di incontrarsi, di scambiarsi notizie. Il pozzo era il luogo dell'acqua e degli incontri.

Mentre tornavano, Petros pensava, preoccupato, che non sarebbero arrivati a casa prima che scendesse il buio.

Aikí, come se avesse capito, trotterellava nonostante il peso dei due contenitori colmi d'acqua, e tentava anche di correre.

– Fermo! – una voce attraversò all'improvviso il deserto.

«Fermoooo» ripeté l'eco.

Petros fermò l'asino. Si guardò intorno. Non c'era nessuno.

Ed ecco che da una roccia comparve un uomo vestito di nero. Un cappellaccio gli nascondeva parte del viso.

– Ho bisogno dell'asino! – gridò, avvicinandosi al bambino.

– L'asino no, – rispose Petros. Il cuore gli batteva forte.

– Scendi subito.

Era un uomo alto, grosso. Con una spada appesa alla cintura.

Petros scese. Mise le braccia intorno alla testa di Aikí. – Stai tranquillo, – sussurrò, – ci vedremo presto. Non devi avere paura.

Aikí diede due piccoli colpi, con la fronte, alla spalla di Petros. Era un segno di amicizia. «Anche tu, – sembrò dirgli, – non devi avere paura».

Ma Petros, anche se cercava di nasconderlo, aveva molta paura.

Poi Aikí tentò di ribellarsi, ragliando e mostrando i denti, ma l'uomo fu rapido e forte nel chiudergli la bocca con una catena, e nel portarselo via.

Petros si sentí solo e disperato. Aikí, il suo

amico piú caro, e un «tesoro» per la sua famiglia, gli era stato rubato.

Si sedette accanto a un sasso. Su quella pietra battuta dal sole era cresciuto un fiorellino azzurro. Sembrava stupito di essere nato in un luogo dove non c'erano piante.

– Se avessi l'acqua te ne darei una goccia, – gli disse Petros, ammirandolo. – Mi ricorderò dove sei, quando passerò ancora.

Si alzò e si incamminò verso casa, cercando di farsi coraggio, ma una grande pena gli pesava sul cuore.

Il sole stava tramontando, il villaggio era ancora lontano.

Petros, come tutti i bambini in quei luoghi, era abituato ai lunghi percorsi a piedi. Camminava con passo veloce, mentre il sole, tingendo il cielo di rosso, spariva dietro lontane montagne.

Era stanco, gli bruciavano gli occhi, pensava ad Aikí, finito chissà dove, alla sua famiglia che aspettava con ansia, a quell'ora, lui, l'asino e l'acqua.

Vide passare un cammelliere, che andava nella direzione opposta alla sua, con il suo carico di sale, merce preziosa da vendere.

Il cammelliere fece un vago cenno di saluto a Petros. Erano tanti i bambini che camminavano soli nei deserti. Non ci si faceva caso.

Petros, raccogliendo tutte le sue forze, si mise a correre. Nel cielo comparve la prima luminosissima stella, e si udí il richiamo di un uccello notturno.

Petros aveva paura delle iene, gli sembrava di vederle uscire dalle tane per rincorrerlo. Nell'ombra di un monte lontano, gli parve di vedere il Grande Serpente.

Correva e correva, cercando di cantare per farsi coraggio. Correva inseguito dalle ombre, dalla paura, dal pensiero di Aikí.

– Petrooos.

Il bambino sentí, come una liberazione da un incubo, la voce del padre e di altri uomini del villaggio. Erano venuti a cercarlo.

– Non c'è piú Aikí, – disse, e la voce gli si ruppe nel pianto.

Petros si alzò all'alba e andò a sedersi sotto il grande sicomoro.

– Ho trovato il desiderio, – gli sussurrò. – Vorrei che Aikí tornasse.

Trascorsero giorni, settimane, ma nonostante le ricerche, l'asino non fu trovato.

Un mattino, nel villaggio dove abitava Petros, arrivarono uomini con strani attrezzi. Venivano da una città oltre le montagne.

Andarono dall'uomo piú anziano, il saggio a cui tutti chiedevano consigli.

– Siamo venuti a scavare un pozzo, – dissero. – Non sarete piú costretti ad andare lontano per prendere l'acqua.

In ogni casa, in ogni capanna, in ogni tenda, entrò un'ondata di felicità. L'acqua!

Il pozzo fu inaugurato con una grande festa.

Uomini, donne, bambini, giovani, vecchi, cammelli, caprette, asini, buoi e anche uccelli curiosi, erano tutti intorno al pozzo. L'acqua limpida e fresca catturava le immagini dei bambini che vi si specchiavano.

– Sii felice, Petros, – gli disse la donna piú vecchia del villaggio, – e ringrazia. Abbiamo il pozzo.

Petros andò a sedersi sotto il grande sicomoro e guardò il cielo azzurro, lontano.

– Sono felice per il pozzo, – disse all'albero, – ma Aikí non è tornato.

Mentre diceva quelle parole, sentí qualcuno che si avvicinava.

Era l'uomo vestito di nero, con il cappellaccio che gli copriva parte del viso. Accanto a lui camminava Aikí, reggendosi in piedi con fatica.

– Avevo bisogno di un asino, – disse l'uomo, – ma questa bestia non mi serve. Non mangia, non beve. Sta morendo. È lui che mi ha guidato da te.

L'asino si avvicinò al bambino, e si lasciò cadere sulle quattro zampe piegate.

L'uomo scomparve.

Petros abbracciò Aikí, il povero asino che aveva ormai soltanto pelle, ossa e i grandi occhi dallo sguardo buono.

– Non devi morire, – gli disse. – Abbiamo un pozzo, Aikí, te lo farò vedere. Non dovremo piú andare lontano a prendere l'acqua.

L'asino diede un debole colpo, con la testa, sulla spalla di Petros.

Aikí, dopo avere ritrovato il suo amico, riacquistò in poco tempo le forze.

Tutti, al villaggio, gli volevano bene. Lui si rendeva utile trasportando merci e persone da una tenda all'altra. Sapendo che sarebbe sempre stato con l'amico Petros.

In un giorno di festa, il bambino guidò Aikí fino al sasso dov'era spuntato il fiore azzurro. Era ancora là, il fiorellino, nonostante il sole caldo del giorno e il vento freddo della notte.

Petros gli diede la goccia d'acqua promessa.

Il giorno dopo, su quella pietra, spuntò un altro piccolo fiore azzurro.

Il Deserto delle cose perse

Era nata in un giorno d'inverno.

L'avevano chiamata Neve, un nome leggero e magico come uno di quei fiocchi che arrivano all'improvviso dal cielo.

Neve, crescendo, non faceva che chiedere cagnolini, gattini, e andava a letto con i suoi animaletti di peluche.

Si era molto affezionata al panda. Perché di notte non cadesse dal letto, aveva fatto con l'uncinetto un cordoncino, lo aveva messo intorno a una zampina del panda, e se lo era legato al polso.

Neve e il suo fratellino piú piccolo avevano avuto un gattino vero, grigio, ma il poverino era morto per una malattia improvvisa. Era stato seppellito in giardino, e i bambini avevano ricoperto la sua tomba con tutti i petali della rosa rampicante.

– Aiuto, – protestava la rosa, – ma che modi sono? Strapparmi tutti i miei meravigliosi petali. Aiuto!

– Ti ricresceranno, – rispose Neve, bagnando di lacrime i petali sopra la piccola fossa. – Lui, invece, non ricresce.

I bambini delle case vicine vennero a salutare il gattino che non c'era piú.

Il fratellino di Neve andava ogni giorno a innaffiare la tomba del gattino.

– Vedrai, Neve, – diceva, – che un giorno nascerà l'albero dei gattini.

Un giorno Neve andò con sua mamma al supermercato a comprare i piattini, i bicchieri, le bibite per la sua festa di compleanno. Avrebbe compiuto cinque anni ed era molto contenta. Sarebbero venuti, a festeggiarla, i suoi piccoli amici.

Mentre la mamma chiudeva la portiera dell'automobile, nel parcheggio, Neve vide, in un angolo, un cane piccolissimo.

Era nero, con qualche macchia bianca, e una stella azzurra sul petto.

Neve corse dal cagnolino. Un uomo lungo lungo, con un cappello alto e colorato, la giacca rossa luccicante, si chinò verso la bambina.

– Te lo regalo per il tuo compleanno, – disse, indicando il cagnolino. – Nascondilo –. E sparí.

Neve guardò in aria. C'era una grande bolla di sapone che se ne andava, sola, chissà dove.

– Neveee! – gridava la mamma. – Cosa stai facendo, ti sei incantata? Non devi allontanarti. Vieni, che ho fretta.

Neve prese il cagnolino piccolo piccolo e lo mise nel suo zainetto.

– C'era un cagnolino, – disse alla mamma, – un cagnolino nero, bianco, con una stella azzurra. E un signore che sembrava un mago.

– Neve, muoviti! – brontolò la mamma. – L'abbiamo letta tempo fa la storia di un cagnolino.

«I grandi hanno sempre fretta» pensò Neve tenendosi stretto lo zainetto.

Neve e sua mamma si infilarono nei corridoi del supermercato, fra carrelli e gente che andava da tutte le parti.

Neve non chiese il cioccolato, né le patatine, né i suoi biscotti preferiti, né le calzine con disegnati gli orsi, né le matite colorate, e nemmeno la vaschetta con il gelato.

Non vedeva l'ora di tornare a casa.

«Oggi è proprio brava» pensava sua mamma.

Finalmente, dopo la fila alla cassa, uscirono. Mentre la mamma di Neve sistemava i sacchetti nell'automobile, la bambina aprí un attimo lo zainetto. Il cagnolino dormiva.

– Neve, aiutami, ti muovi o no? Passami i sacchetti piú piccoli. È tardi.

Le sue parole si persero fra il rumore delle automobili, dei clacson.

Neve andò di corsa nella sua stanza, chiuse la porta, aprí lo zainetto. – Ce l'abbiamo fatta. Sei proprio come volevo, nero, bianco, con la stella azzurra e piccolo. Ti chiamerò Argo.

Lo accarezzò. – Sai, – soggiunse, – loro, – e indicò la porta, – non vogliono piú cani e gatti.

Neve aprí la portafinestra per mostrare ad Argo il balconcino.

In quel momento arrivarono di corsa grandi nuvole nere seguite da un fulmine, poi da un tuono.

Neve chiuse la portafinestra e tenne stretto Argo perché non si spaventasse.

– È il temporale, – gli disse, – poi se ne va da un'altra parte.

– Neve, vieni a tavola! – gridò suo padre, che era arrivato da poco. – E lavati bene le mani.

Uffa, sempre quella mania delle mani. Neve pensò che un giorno le mani si sarebbero consumate, e sarebbero scivolate, sciolte come il sapone nell'acqua, in fondo al lavabo.

– Allora, Neve, – le disse suo padre accendendo il televisore, – cosa hai fatto oggi?

– Ho visto un cagnolino piccolo piccolo, con la stella azzurra sul petto. Lo ha lasciato un signore tutto colorato nel parcheggio del supermercato.

– Ho capito, – sospirò suo padre.

– Diglielo anche tu che l'ho visto, – disse Neve alla mamma.

– Mah! – sussurrò la mamma. – Se lo hai visto tu.

– L'ho preso e l'ho portato a casa, – esclamò Neve, mentre toglieva le carote, gli spinaci, i fagioli e le patate dalla minestra. – È un mio carissimo amico.

– Va bene, – disse suo padre, cambiando canale.

– Va bene, – disse sua mamma, ricordandosi che doveva fare una telefonata urgente.

Neve tornò in fretta nella sua camera, molto preoccupata per Argo, che se ne stava dentro un cassetto, avvolto in un golfino.

Veniva giú una pioggia fitta, che faceva tremare gli alberi.

Neve guardò il balcone e vide che i fiori si erano messi gli stivali e avevano aperto gli ombrellini.

I fiori con gli stivali,
gli alberi senza gli occhiali,
le nuvole grandi, nere,
la torta con le pere,
il cagnolino con una stella,
vorrei mangiare una caramella.

canticchiava Neve, e Argo l'ascoltava.

– Neve, – gridò il fratellino, che era appena tornato dalla casa della nonna, – mi fai vedere il cagnolino?

– È qua, – disse Neve tenendo Argo in braccio.

– Non lo vedooo.

– Guarda bene, è bianco e nero, e ha una stella azzurra.

– Sí, – disse dopo un poco il fratellino di Neve, – ha una stella azzurra. È piccolo, piccolissimo.

Trascorse qualche mese. Neve voleva molto bene ad Argo e se lo portava dappertutto. I suoi genitori non riuscivano a vederlo, ma non osavano dirlo: Neve ci sarebbe rimasta male, anzi malissimo.

Quando scendevano tutti dall'automobile, bisognava aspettare che uscisse anche il piccolissimo Argo, con un guinzaglio lungo lungo.

– Legge troppe storie, – sospirava la mamma.

– Speriamo che Argo non muoia, – diceva il fratellino di Neve.

– È un cagnolino delizioso, – esclamava la nonna, – con quella stella azzurra.

– Mah! – sospirava il nonno.

Una sera accadde una cosa terribile: Argo sparí.

Neve cercò dappertutto. Argo non c'era piú.

– Si è perso –. Era disperata. – Ho lasciato la porta aperta, è andato via.

Lo cercò sotto il letto, nei cassetti, nella scatola dei giocattoli.

Neve diventava ogni giorno piú triste.

– Ti prenderemo un bel cane, – le diceva il papà.

– Un cane piccolissimooo, – ripeteva il fratellino, – con tantissime azzurrissime stellissime.

– Voglio il mio amico!

Anche la rosa rampicante, nonostante fosse stata spogliata, si era commossa.

– Se non ci fossero gattini, cagnolini, criceti, – sospirava, – si finirebbe con tutte queste storie. E io, che sono rimasta nuda per un gattino morto, cosa dovrei fare?

– Come sei noiosa, – brontolava il vento.

Una notte Neve sognò l'uomo lungo lungo, tutto colorato, che le diceva: – Devi cercare il cagnolino, devi trovarlo. Coraggio.

Neve si alzò, indossò una tuta, il giaccone, la mantellina rosa, gli stivaletti, prese il suo zainetto. «Andrò a cercarlo» pensò e uscí.

Camminò e camminò, perdendosi nelle campagne avvolte da una fitta nebbia, o sotto i ponti dove si rifugiavano i gatti randagi.

Finalmente vide un grande cartello luminoso: *Benvenuti nel Deserto delle cose perse.*

Neve andò oltre il cartello. Il sole stava tramontando, un vento freddo sollevava la sabbia del deserto. Neve ebbe paura. Avrebbe voluto essere nella sua casa, nel suo letto, ma ormai non poteva tornare indietro. Doveva trovare Argo.

Riprese il cammino e vide, con grande sorpresa, gatti spelacchiati, un orsacchiotto che si succhiava un dito, cani addormentati, pinguini, serpenti. Ovunque animali, grandi e piccoli. Sembravano tutti molto tristi.

– E tu, piccola ficcanaso? – domandò una voce forte come un tuono. – Cosa vuoi?

Neve sussultò, si guardò intorno e all'improvviso le apparve davanti il Grande Orco, un omaccio con una casacca nera, occhi di fuoco, mani e piedi enormi.

– Cosa vuoi? – ripeté l'Orco.

– Voglio trovare il mio amico, un cagnolino nero e bianco, con una stellina azzurra, – rispose Neve, facendosi coraggio.

– Ah ah ah, – rise un serpente senza piú denti, – l'amico con la stella –. Si arrotolò tutto. – Ehi

voi, avete visto un cagnolino con una stella azzurra?

– Silenzio, serpentaccio della malora! – urlò l'Orco, e tutti tremarono. Si fermò anche il vento. – Silenzio o ti trasformo in una borsetta con tante tasche.

– O in una cintura, – ribatté, sottovoce, una volpe.

– Ora anche tu resterai qua, – tuonò l'Orco, guardando, dall'alto, la bambina nel Deserto delle cose perse.

A Neve veniva da piangere, ma cercò di essere forte. Avrebbe cercato Argo, poi, in qualche modo, sarebbero fuggiti.

Il Grande Orco si era allontanato.

Neve guardò il cielo. Era coperto di stelle, strette l'una all'altra, qualcuna cadeva. La bambina si sedette sulla sabbia. Era molto stanca.

– Ssss, – sussurrò una vocina, – l'Orco tra poco si addormenta. A quest'ora è sempre morto di sonno.

– E tu, – domandò Neve, – chi sei? Non vedo bene nel buio.

– Sono un lupo senza capo né coda.

– Ohhh. Li hai persi.

– Sí, – sospirò il lupo. – Ero sempre di corsa, facevo tutto in fretta, non mi fermavo mai a pensare.

– E ora?

– Ora sono finito qua. E non trovo né capo né coda.

Neve cercò di vedere il lupo, ma nell'oscurità le apparve soltanto una grande forma nera dalla quale usciva la voce.

– Io, sputando veleno, ho perso i denti, – ridacchiò il serpente.

– E io...

– E io...

– E io...

La notte si riempí di voci che raccontavano storie, mentre il Grande Orco russava.

Apparvero, sospesi nel buio, due occhi tondi, gialli e luminosi.

– E tu chi sei? – domandò Neve.

– Sono il gufo sapiente.

– Senza capo né coda?

– No, senza cervello. Dando consigli a tutti, l'ho perso.

– Ohhhh!

– Se vuoi cercare il tuo cagnolino, – sibilò il serpente, – devi farlo mentre il Grande Orco dorme.

Neve si ricordò che nello zainetto aveva una piccola pila che le aveva regalato il fratellino, dicendole: – Neve, se fai brutti sogni accendi la pila, e loro vanno via.

La bambina, camminando, illuminava gli animali e a qualcuno chiedeva se avesse visto Argo.

Inciampò in un cammello addormentato.

– Ehi tu, – brontolò il cammello, – stai attenta. Che modi!

– Scusa, – disse Neve, – cos'hai perso?

– La pazienza, – rispose il cammello. – Ho attraversato un milione di deserti, poi ho perso la pazienza.

Neve vide, con sua grande sorpresa, una stella sulla sabbia. Mandava qualche debole sprazzo di luce.

– E tu, – domandò, – cos'hai perso?

– Non lo vedi? – rispose la stella. – Ho perso il cielo.

– Ohhh.

Neve era stanca e molto triste. Si sdraiò vicino alla stella e si addormentò.

Sognò il cappello dell'uomo tutto colorato.

– Neve, – le diceva il cappello, – hai fatto tanta strada per niente. Dovevi cercarlo in casa, il tuo cagnolino.

– L'ho cercato.
– Non abbastanza. Torna indietro, Neve, finché l'Orco dorme.
– E il signore colorato dov'è?
– L'ho perso, – disse il cappello, e volò via come un razzo.

– Aiuto! Aiutooo!
– Sei caduta dal letto, – le disse la mamma aiutandola ad alzarsi.
– No. Sono fuggita dal Deserto delle cose perse.
– Guarda cosa c'è... – disse il fratellino, andando a prendere uno scatolone. Lo aprí.

Dentro c'era Argo, nero, bianco, con una stellina sul petto.

Il cagnolino abbaiò, agitando la coda.

Neve, con la bocca aperta per la sorpresa, lo guardava, poi lo prese in braccio.

– È un po' cresciuto, – esclamò.

Quel giorno vennero tutti i suoi amici a vedere Argo.

E Neve, che amava molto le storie, raccontò loro quella del Deserto delle cose perse.

Il folletto Sciú Sciú

Il folletto Sciú Sciú abitava nel bel parco di una città.

Durante il giorno dormiva dentro il buco di una quercia, di notte andava in giro per il parco. Aiutava gli animali e le piante che avevano bisogno di lui.

Era piccolissimo. Al buio indossava un mantello luminoso per farsi vedere dagli abitanti del parco.

– Sciú Sciú, – gracchiavano le ranocchie, – raccontaci una storia.

– Una storia, Sciú Sciú, una storia, – cinguettavano gli uccellini che se ne stavano assonnati nei nidi.

– Una storia, – sussurravano i giovani alberi.

E lui raccontava bellissime storie.

Un giorno Grande Rospo saltellò fino all'albero dove dormiva il folletto.

– Sciú Sciú, svegliati, vieni subito giú.

Il folletto saltò giú dalla quercia. – Cosa c'è, Grande Rospo?

– Corri al laghetto, hanno preso Lú. I pesci sono disperati.

– E chi l'ha preso? È proibito pescare, qua.

– L'ha preso uno di quelli... come si chiamano?

– Uomini?

– Sí, ecco, uomini. L'ha pescato con un secchio e se l'è portato via.

Sciú Sciú corse al laghetto.

– Aiutaci, Sciú Sciú!

I pesci erano molto agitati.

Lú era un pesciolino rosso con riflessi di luce d'oro.

Il folletto andava spesso al laghetto e raccontava a Lú e ai suoi amici molte storie. Anche quella della luna, che una notte, per curiosare nel parco, era caduta nel laghetto. Il mago della notte l'aveva aiutata a tornare nel cielo, ma lei, che era molto distratta, aveva dimenticato nell'acqua dei riflessi di luce d'oro. I riflessi, per non perdersi, si erano posati su un pesciolino appena nato. La sua mamma aveva deciso di chiamarlo Lú.

– Devi aiutarci –. I pesci si avvicinarono a Sciú Sciú, chino sull'acqua.

Anche la vecchia carpa dall'enorme bocca si avvicinò al folletto.

– A volte non li sopporto, questi piccoli, – brontolò. – Diventano sempre piú vivaci, non stanno mai fermi. Disturbano il mio riposo. Ma non mi va giú l'idea che qualcuno se li porti via. Povero Lú!

Sciú Sciú promise che avrebbe fatto il possibile per trovare il pesciolino.

– Cercate di dormire, – disse. – Io andrò a pensare.

Si sedette sopra una bella foglia a forma di ventaglio. Aveva bisogno di silenzio per pensare. Si rosicchiava un'unghia in attesa che gli venisse una buona idea.

E finalmente l'idea venne. Si alzò e cominciò a fischiare. Un fischio lungo, leggero, che assomigliava al passaggio del vento. Era il segnale che avvertiva gli animali del parco di trovarsi tutti vicino alla quercia dopo il tramonto.

Quella sera ci fu un gran movimento.

Accorsero, vicino al folletto, i merli, i pettirossi, il maestro gufo, le cornacchie, i pipistrelli. Accorsero gli scoiattoli, le rane, le farfalle. Si misero in cammino le lumache. Arrivarono un millepiedi e un porcospino morto di sonno, e le veloci lucertole.

– Dobbiamo trovare il pesciolino Lú, – disse il folletto, dall'alto della quercia. – Ho bisogno del vostro aiuto. L'umano che ha portato via Lú l'ha messo in una vaschetta, nella sua casa.

– La città è piena di case, e le case sono piene di umani. Non sarà facile trovare Lú.

Sciú Sciú guardò il cielo dove stava passando la lucina di un aereo, poi disse agli abitanti del parco: – Mi è venuta un'idea.

Ci fu un grande silenzio. Anche il vento, che stava passando fra gli alberi, si fermò. Che idea aveva avuto Sciú Sciú?

– All'alba, – disse il folletto, – tutti gli uccelli usciranno dal parco e voleranno davanti alle finestre delle case per tentare di scoprire dove si trova Lú. Possono entrare, di nascosto, nelle stanze. È pericoloso, ma so che siete coraggiosi. I piccoli resteranno qua.

Gli uccelli batterono le ali, felici per quella missione. Il Maestro Gufo, dopo un lungo silenzio, disse: – È una buona idea –. I pipistrelli protestarono, perché loro di giorno non vedevano un bel niente.

– Voi state qua, – ordinò Sciú Sciú. – Voleranno fuori anche le farfalle.

– E io? – piagnucolò il millepiedi, che voleva diventare un agente segreto. – Io cosa faccio?

– Da qua non mi muovo, – gracchiò Grande Rospo. – Non voglio essere stirato da quelle dannate cose.

– Le automobili, – gracchiò la cornacchia Sotutto, – i motorini.

– Ho troppo sonno, – sbadigliò il porcospino. – Mi dispiace, Sciú Sciú, possiamo parlarne un'altra volta? – Si calò in una buca e cominciò a russare.

– Io ho male a un'ala, – fece la gazza brontolona, sempre imbronciata.

– E io? – Un ragno se ne stava su un ramo, con la bava alla bocca. – Devo finire la mia tela, non posso lasciarla a metà.

– Finisci la tua tela, – disse Sciú Sciú. Poi, rivolto agli scoiattoli: – Voi restate qua. Dovete spolverare le foglie.

Gli scoiattoli avevano il compito di spolverare, con le code, le foglie degli alberi del parco.

Era un sollievo per le foglie essere spolverate. Soprattutto nei mesi in cui non pioveva.

– Si respira meglio senza la polvere, – dicevano allargandosi.

Si alzò il sole, gli uccelli e le farfalle volarono fuori dal parco.

Sciú Sciú restò a sorvegliare che tutto andasse bene, e a fare compagnia ai pesci tristi dello stagno.

Di giorno il folletto era invisibile agli uomini. Soltanto la notte, se qualcuno si avventurava nel parco, poteva scorgere la lucina verde del suo manto. Sembrava una lucciola che svolazzava in tutte le direzioni.

Lú se ne stava, solo e triste, in una vaschetta di vetro, nello studio del signor Pincopà, che tutti chiamavano professore. Il signor Pincopà aveva viaggiato in tutto il mondo per studiare il comportamento dei pesci.

Era un uomo con lunghi capelli argentati e occhialini cerchiati di azzurro, e indossava una giacca gialla. Non si separava mai da una lunga sciarpa blu con disegni di pesci colorati. Viveva in compagnia di un vecchio e pigro gatto nero, che trascorreva il tempo sul divano vicino al calorifero.

Il signor Pincopà andava spesso a passeggiare al parco. – Camminare mi fa bene al cervello, – diceva, – mi aiuta a pensare. E a sgranchirmi le gambe.

Lui di granchi se ne intendeva.

Un giorno vide nello stagno il pesciolino Lú, e rimase incantato a guardarlo. Non aveva mai visto un pesce rosso con quei bellissimi riflessi.

Andò dal custode del parco e ottenne il permesso di portarsi a casa Lú.

– Studio i pesci, – disse il signor Pincopà, – ho passato la vita a studiarli.

Il custode, un simpatico omone con giacca, pantaloni e cappello verde, pensò che ognuno aveva le sue manie. Chi i gatti, chi i pesci, chi i canguri, c'era anche chi insegnava il ballo ai pidocchi.

All'alba gli uccelli volarono via dai loro nidi e si sparpagliarono per la città.

Volarono via dal parco farfalle di ogni colore, grandi e piccole. Volarono via anche i piccioni, che non volevano star dietro a nessuno.

Gli uccelli e le farfalle si posavano sui balconi,

sui davanzali delle finestre. Una rondine si infilò in una casa e rimase prigioniera per una notte dentro un cesto pieno di giocattoli. Un piccione distratto cadde dentro un camino e diventò nero come un merlo.

– Quanti uccelli, quante farfalle, – gridavano i bambini vedendo tutte quelle ali nell'aria.

– Chissà da dove arrivano, – si domandavano gli abitanti della città.

Trascorsero due giorni e nessuno trovò Lú.

La sera gli abitanti del parco si riunirono vicino al laghetto.

– Fai una magia, Sciú Sciú, – gracchiò Grande Rospo. – Altrimenti non si cava un ragno dal buco.

– Cosa c'entrano i ragni e i buchi? – disse, arrabbiato, il ragno con la bava alla bocca. – Lú è un pesce.

– Silenzio! – gridò Sciú Sciú. – Non è il momento di litigare. Io non sono uno di quei maghi che dicono: *Abracadabra Abracadà, il pesciolino eccolo qua*. Ma sono sicuro che troveremo Lú. Riprenderete domani mattina le vostre ricerche.

Sciú Sciú tornò alla sua quercia rosicchiandosi un'unghia. Poi, all'improvviso, si mise a correre qua e là per il parco. Si vedeva, nel buio, una lucina verde che si spostava in tutte le direzioni.

Il folletto mandava messaggi al vento, alla notte: «Il pesciolino dobbiamo trovare, ora nell'aria mando un segnale, so che un bambino lo salverà, se il mio messaggio arriverà».

Lú, oltre a essere triste, era terrorizzato da Nerone. Il gatto aveva preso l'abitudine, di nascosto dal signor Pincopà, di andare a bere nella vaschetta. I gatti vecchi bevono molto, e a Nerone piaceva quell'acqua a portata di zampa. Non voleva certo mangiarsi Lú. Pescarlo sarebbe stato troppo faticoso, e la sola idea di bagnarsi le zampe lo sconvolgeva.

Lú, nel vedere la grossa testa del gatto china sull'acqua, andava ad appiattirsi sul fondo.

– Guai a te, Nerone, se ti vedo su quella vaschetta, – minacciava il signor Pincopà.

Ma i gatti fanno quello che vogliono, e appena rimaneva solo, Nerone balzava sul tavolo. *Slap slap slap*. Sembrava che volesse bersi tutta l'acqua della vaschetta.

– Nerone! – urlò il signor Pincopà, che aveva fatto finta di uscire. – Ti ho visto.

Il gatto lo fissò con gli occhi verdi socchiusi. – E allora? Mica lo mangio.

Il signor Pincopà decise di cambiar posto a Lú.

Mise la vaschetta in un'altra stanza e chiuse la porta.

In quel momento, un merlo e una merla si posarono sul davanzale della finestra dello studio del signor Pincopà.

– Niente, – disse il merlo alla sua compagna, – solo un orribile gattaccio nero. Lú non c'è.

– Te la passi male, piccolino, – disse il signor Pincopà a Lú, che se ne stava, disperato, sul fondo della vaschetta. – Non splendi piú come prima. Prenderò qualche pesce che ti faccia compagnia.

Driiiin driiiin driiiin. Suonò il campanello. Il signor Pincopà andò ad aprire.

Era Alia, la figlia dei suoi vicini di casa, una bambina di cinque anni.

– Posso salutare Nerone? – chiese la piccola. – E vedere il pesciolino?

– Chi ti ha detto che qua c'è un pesciolino?

– L'ho sognato. Mi sembrava un sogno vero.

Il signor Pincopà sorrise. – È un sogno vero, – disse, e pensò che i bambini sono straordinari.

Alia salutò Nerone, poi seguí il signor Pincopà. – Che bello, – esclamò guardando Lú. – Ma sembra cosí triste!

– Come fai a capirlo?

– Si vede.

Il signor Pincopà rimase in silenzio per qualche attimo, attorcigliandosi una ciocca di capelli.

– Sai cosa facciamo? – disse poi chinandosi su di Lú.

– Cosa? – Alia sembrava triste come il pesciolino.

– Lo riportiamo al parco, nel suo laghetto.

Il messaggio di Sciú Sciú era entrato nel sogno di una bambina.

Nerone, che aveva capito tutto, nascose il muso fra le zampe. Si era affezionato, quasi senza accorgersene, al pesciolino rosso.

Il signor Pincopà e la bambina con i capelli lunghi e il vestitino a fiori uscirono dal portone. Con loro c'era Lú, in un sacchetto con dentro la vaschetta. Nell'aria volavano uccelli, farfalle.

– Che bello! – esclamò la bambina.

– Non si capisce piú niente, – sospirò il signor Pincopà. – Chissà se arriveranno anche i pesci.

Quasi tutti camminavano con il naso all'insú, c'erano persone che si scontravano, altri fotografavano, filmavano. Non si era mai vista, come in quei giorni, un'invasione di ali colorate nell'aria: sembrava di essere dentro una favola.

Il signor Pincopà si sedette con fatica vicino al laghetto. Gli anni gli pesavano sulla schiena e sulle gambe. – Mettilo tu nell'acqua, – disse ad

Alia. E lei, felice, lasciò scivolare il pesciolino nell'acqua.

Si riaccesero i riflessi di Lú. Non gli sembrava vero quel ritorno a casa.

Tornarono al parco gli uccelli, le farfalle, e volarono intorno al laghetto. Arrivarono Grande Rospo e gli altri animaletti del parco. Si misero in cammino anche le lumache e i millepiedi.

Il signor Pincopà si puliva e ripuliva gli occhiali, per essere sicuro di vederci bene.

Sciú Sciú, dall'alto della quercia, guardava, felice, la festa.

Quella notte la curiosissima luna si affacciò sul laghetto. Ma stette bene attenta a non cadere.

Il mago, il corvo e lo struzzo

Il mago se ne stava giorno e notte sprofondato in una vecchia, enorme poltrona, lasciata da qualcuno in una capanna. La capanna, invece, se ne stava aggrappata a una roccia vicino al mare, resistendo al vento e alla pioggia.

Il mago non faceva che mangiare, per la tristezza di non essere piú il mago di una volta.

Indossava una lunga veste blu, sporca e unta, continuava a ingrassare e a sbadigliare.

Sulla sua barba si posavano uccelli di mare a raccattare briciole, facendo un perfetto lavoro di pulizia.

Di briciole ne lasciava cadere tante, mangiando dolci, hamburger, patatine, salse colorate.

Viveva in compagnia di un corvo spennato, mezzo zoppo, che non faceva che brontolare.

L'uccello, un corvo curiosissimo che voleva ficcare il becco dappertutto, dopo varie sventure era entrato nella capanna. E aveva subito capito di avere trovato un compagno, ridotto male, d’accordo, ma che almeno gli dava da mangiare e anche un tetto.

Anche il mago capí che lo spennatissimo corvo gli avrebbe fatto compagnia, sebbene fosse (lo si notava subito) un brontolone.

– Sei proprio giú, come mago, – brontolava il corvo. – Guarda che vita ti tocca fare.

Il mago diventava sempre piú triste, sempre piú grasso. La poltrona ne aveva abbastanza di reggere tutto quel peso.

– Corvaccio dannato! – sbuffava il mago. – Tu, spennacchiatissimo uccello, che te ne stai qua a brontolare, vattene se vuoi.

Ma il corvo si guardava bene dall'andarsene. Aveva i reumatismi a un'ala, oltre al problema della sopravvivenza.

L'unica magia che il mago sapeva ancora fare era quella del cibo:

Abracadabra, abracadà,
hamburger, salse, eccoli qua.

E subito apparivano piatti pieni di cibo.

Il corvo, non volendo perdere anche il cervello, oltre alle penne, si accontentava di qualche boccone, mentre il mago, *slap slap slap*, mandava giú tutto.

– Morirò di cibo, morirò di tristezza, – sospirava. – E se morirò, non ci saranno piú speranze per Boscofiorito.

– Senti, amico, – gracchiò una sera il corvo, saltando sulla spalla del mago. – Me la racconti o no questa tua famosa storia? Cos'è Boscofiorito? Non ne posso piú di non sapere chi sei. Se continui ad affogare nella tristezza e nelle salse, di speranze non ce ne sono davvero. Racconta! Magari un rimedio lo troviamo.

Intanto i piccoli uccelli si davano da fare sulla barba del mago.

– Via, via, maleducati! – gracchiò il corvo.

Quelli sapevano che il corvo gracchiava e basta. Non avrebbe mosso una piuma per scacciarli.

Il mago, guardando il cielo che si riempiva di tanti piccoli occhi curiosi, si decise a raccontare la sua storia, sebbene con fatica.

Ingoiò l'ultimo boccone, per non parlare con la bocca piena. Il corvo non sopportava quell'abitudine.

– Mi chiamo Solal, – iniziò a raccontare. – Ero un giovane mago felice, fino a non molto tempo fa. Vivevo in un castello di Boscofiorito, una meravigliosa città in cui avevo fatto crescere alberi di tutti i paesi del mondo, fiori di ogni colore, piante che si arrampicavano sulle case, prati con erba profumata. Un bosco fiorito abitato da gente pacifica, generosa. Io, devo confessarlo, ero un mago un po' distratto, con la fissazione di certi esperimenti. Me lo diceva sempre il mio vecchissimo nonno: «Devi tenere i piedi anche per terra, Solal. Si fa presto a perdere le magie». Io i piedi li tenevo per terra, eccome. Addirittura nei sotterranei del castello.

Il corvo ascoltava attento, a becco aperto. Poi disse: – Avevo desiderato, fin da piccolo, scrivere storie. Mia madre gracchiava sempre: «Vola, vola. Se ti guardi intorno, di storie ce ne sono quante ne vuoi».

Dall'emozione, il corvo non muoveva una piuma.

Si erano affacciati, dal tetto della capanna, due pipistrelli a testa in giú, molto interessati ai racconti.

– Ebbene, – proseguí il mago, – dopo giorni e notti trascorsi nei sotterranei, finalmente il mio esperimento segreto riuscí. Ci vuole molto lavoro, molta pazienza, per certe magie.

Il corvo capí che si stava avverando il suo sogno. Scrivere la storia di un mago. Si vedeva già, con le piume tirate a lucido, mentre raccoglieva successi in ogni angolo del cielo e della terra.

– E poi? – bisbigliarono i piccoli pipistrelli.

– Silenzio! – gracchiò il corvo.

Il mago fece un respiro che si trasformò in una nuvoletta. – Ero talmente felice, – continuò a raccontare, – che per qualche ora persi la facoltà di avvertire i pericoli. Ero riuscito a tramutare un fucile in un piccolo pino, una bomba in un bellissimo albero pieno di foglie, un cannone in un fico d'India pieno di frutti saporiti.

– Armi in alberi? – gracchiò meravigliato il corvo. – Vuoi dire che si sarebbero visti in giro cacciatori con gli alberi a tracolla?

– No, – sorrise il mago, – niente cacciatori, solo alberi. Capisci? Un mondo pieno di boschi, di parchi, di foreste. E senza guerre, perché se non ci sono le armi...

– Be', – gracchiò il corvo, – magari ci si picchia. Noi a volte ci becchiamo.

– Senti corvaccio, o taci, o smetto di raccontare. Ti dai arie da furbo e non capisci niente.

Il corvo si offese, ma tacque. Era troppo curioso.

– Purtroppo, – soggiunse il mago, – nonostante io lavorassi senza far sapere dei miei esperimenti nemmeno agli abitanti di Boscofiorito, qualcuno mi fece spiare. Qualcuno che di armi trasformate in piante non ne voleva sapere. In una notte di vento, gli uomini armati entrarono a Boscofiorito, cavalcando draghi neri che emettevano dalle fauci nubi di fumo nero. Il comandante era il terribile stregone Perfid de Terroron, di cui avevo sentito parlare. La città fu invasa dall'esercito di quell'uomo crudele. Nel momento in cui mi resi conto del pericolo, cercai di trasformarmi in una nuvoletta per uscire da una finestra del castello e tentare di salvare Boscofiorito. Ma una sostanza micidiale mi stordí. Lo stregone mi fece prigioniero.

Il mago, essendo cosí grasso, faceva fatica a respirare. Stette qualche attimo in silenzio per recuperare il fiato.

– E poi? – chiesero, eccitati, i pipistrelli.

– Silenzio, voi! – gracchiò il corvo.

– Poi si presero la città di Boscofiorito, il castello. Sapevano che non potevano uccidermi, avevano paura di uccidere un mago. Cosí fui portato lontano e abbandonato senza forze su una spiaggia deserta. Una spiaggia molto lontana dal mondo abitato. «Hai perso i tuoi poteri, Solal. Hai fatto esperimenti molto pericolosi. Peggio per te. Nessuno verrà a salvarti» mi disse lo stregone. Debole e disperato, pensavo a Boscofiorito, ai suoi abitanti. Allora ero un mago potente, molto amato, e pensavo di essere invincibile. Invece stavo morendo. Pensai a mio nonno, il vecchissimo mago, che prima di sparire mi aveva fatto molte raccomandazioni. Era stato lui a parlarmi dello stregone, il Signore delle guerre. All'improvviso accadde una cosa straordinaria...

Il corvo ascoltava a becco aperto.

– Ero sdraiato sulla sabbia e non riuscivo a muovermi. Ed ecco che vidi, accanto a me, uno struzzo. Chinò il suo lungo collo fino a sfiorarmi il viso. Mi sembrò di scorgere, nei suoi occhi che mi fissavano, una lucina conosciuta. Lo struzzo depose un grande uovo e lo bucò con il becco. Poi scomparve. Facendo un terribile sforzo, riuscii a bere l'uovo. Lo struzzo tornò e depose altre uova. Giorno dopo giorno, recuperai le forze. Quelle uova, molto nutrienti, mi avevano salvato. Purtroppo non sapevo dove andare, ed ero troppo triste per recuperare i miei poteri di mago. Mentre mi guardavo intorno, lo struzzo tornò. Aveva lunghissime zampe, belle piume nere. Si inginocchiò sulla sabbia. Capii che do-

vevo montargli in groppa. Mi tenevo aggrappato a lui con tutte le mie forze, mentre quello straordinario animale correva piú veloce del vento. Galoppò per un giorno e una notte, portandomi via dal deserto in cui avevo rischiato di morire. Mi lasciò davanti a questa capanna. Poi scomparve. Capii che dovevo essere io, senza nessun altro aiuto, a ritrovare i poteri che avevo perduto. Ma ero molto triste. Mi lasciai cadere sulla poltrona e pensai ai miei esperimenti falliti, a Boscofiorito, allo stregone malefico. Lo struzzo mi apparve in sogno. «Puoi fare una sola magia, per ora. Ma non quella di tornare subito a Boscofiorito» mi disse.

– E tu? – gracchiò il corvo, che non stava piú nelle penne dalla curiosità.

– E tu? – domandarono i pipistrelli.

– Io... – Il mago fece un profondo respiro, e nella capanna si alzò una nuvoletta di vapore. – Io avevo voglia soltanto di mangiare.

– Puah! – gracchiò il corvo. – Cosa mi tocca sentire. Sprecare una magia.

– Non avevo piú desideri, tanto ero triste. Poi sei arrivato tu, corvaccio.

– Mi ero ridotto male, – gracchiò il corvo. – Cioè, mi aveva ridotto male un cacciatore. Non riuscivo piú a volare come un tempo. Stavo morendo di fame.

– Oooh, – fecero, commossi, i pipistrelli.

Il mago aveva finalmente raccontato la sua storia. Quella notte dormí meglio e fece un sogno. Lo struzzo, fermo sulle rocce vicino alla capanna, lasciava volare alcune delle sue piume, e fra le piume appariva la città di Boscofiorito. Come se qualcuno l'avesse disegnata, con tutti i suoi colori, nell'aria piena di luce.

Il mago si svegliò molto turbato e raccontò il suo sogno al corvo.

– È un sogno strano, – gracchiò il corvo. – È un segnale.

– Sí, – disse il mago, – è un segnale. Credi che non lo sappia, corvaccio? O sai sempre tutto tu?

– Ehi, mago, – replicò il corvo, – non è il momento di litigare. Sai cosa faccio? Vado alle rocce. Farò un po' fatica, ma volando e zampettando...

Il mago sorrise. Il furbissimo corvo era un vero amico.

– Capisci tutto al volo, – gli disse.

– Il volo! – sospirò il corvo, mettendo un po' in ordine con il becco le piume.

Poco dopo uscí dalla capanna. I pipistrelli a quell'ora dormivano.

Il corvo arrivò con fatica alle rocce. E mentre si guardava intorno, apparve, sulla roccia piú alta, lo struzzo.

Il corvo capí che doveva portare un messaggio al mago.

Tornò alla capanna.

– Sono stanco morto, – gracchiò. – Non ce la faccio piú. Se non fosse stato per te...

– Racconta, invece di brontolare, – lo interruppe il mago.

– Ho visto lo struzzo. Lui ti aspetta sulle rocce, sei tu, ora, che devi riuscire a muoverti.

– Lo struzzo è tornato! – esclamò il mago, e sentí una strana forza, come un brivido, che lo attraversava. Una speranza.

Si domandò come avesse potuto ridursi in quel modo, e sospirò. Il sospiro si trasformò in una nuvola di vapore che nascose, per qualche attimo, la capanna.

Quando il vapore piano piano scomparve, la poltrona era vuota.

Vicino all'entrata della capanna c'era un bel ragazzo che indossava una lunga camicia blu ricamata d'argento, e pantaloni bianchi.

Anche il corvo (e voi non ci crederete) era guarito. Appollaiato sulla spalla del mago, si guardava le belle piume lucenti, l'ala e le zampe.

Lo struzzo li stava aspettando.

– Grazie, – disse il mago montando in groppa. – Ho perso molto tempo su quella poltrona a mangiare e a non sperare piú in niente. Ma ora, ti prego, portaci a Boscofiorito.

Arrivarono a Boscofiorito che il sole si era appena alzato. Lo struzzo si fermò all'improvviso, frenando con uno scatto la sua corsa. Il corvo, che voleva dire qualcosa, rimase senza fiato.

Davanti a loro c'era uno spettacolo orribile. I bellissimi alberi di Boscofiorito avevano perso le foglie, erano rinsecchiti, come se fossero stati bruciati. I fiori di tutti i colori erano morti, le fontane non avevano piú acqua, una polvere scura avvolgeva la città. Gli uccelli se n'erano andati, le case, un tempo dipinte di giallo e rosso, erano grigie, sporche, e vuote. Gli orologi della città erano fermi.

Il mago e il corvo si avviarono, in groppa allo struzzo, verso il castello. Anch'esso era in rovina, il parco intorno mostrava alberi morti.

Il mago andò nei sotterranei, accarezzò i rami secchi che un tempo erano state piante. La cattiveria dello stregone Perfid de Terroron e dei suoi uomini si era posata, come un veleno, sulla città, e l'aveva distrutta.

Boscofiorito era stata costruita con molto amore, e ogni cosa aveva respirato la felicità di vivere.

Ma lo stregone era riuscito a distruggerla con l'odio.

Lo struzzo scomparve come d'incanto.

Il mago e il corvo restarono soli. Trascorrevano il tempo andando in giro per la città avvolta dalla polvere nera.

– Torna a vivere, mia amatissima Boscofiorito, – sussurrava il mago ai rami secchi, tesi verso il cielo come braccia scheletriche. – Io sono qua. Non ti abbandonerò piú.

– Io sono qua, – ripeteva il corvo, svolazzando fra gli alberi morti.

– Smettila, amico, – gli diceva il mago. – Non sei mica un pappagallo –. Ma sapeva che il corvo voleva aiutarlo.

Il mago, seduto in terra in un parco della città morta, mandava pensieri d'amore a Boscofiorito e, ricordando il suo vecchissimo e saggio nonno, cercava di recuperare i poteri perduti. Pensava al giorno in cui era stato scacciato dallo stregone, vinto dalla pigrizia, dalla mancanza di speranza.

Un mattino arrivò a Boscofiorito un vento fortissimo. Attraversò la città fischiando con tutto il fiato che aveva.

Gli alberi, scossi di qua e di là, sembravano sul punto di spezzarsi.

Il vento si portò via la polvere nera che avvolgeva Boscofiorito, e all'improvviso riapparve la luce, e il cielo grande, azzurro.

Gli alberi fremettero di gioia, si ricoprirono di foglie, spuntarono fiori da ogni parte, le fontane si riempirono d'acqua, tornarono gli uccelli, gli animali.

E tornarono, felici, gli abitanti, che si erano rifugiati nelle grotte delle montagne.

Il mago guardava la sua splendida città, tornata alla vita, gli ombrelli di fiori blu che la circondavano.

– Te lo avevo detto, – gracchiava il corvo, con gli occhietti lucidi per l'emozione.

– Corvaccio, – rise il mago, – non ricominciare a fare quello che sa tutto. Saresti insopportabile.

Solal tornò al castello a fare i suoi esperimenti, e chissà che un giorno si possa avverare il suo e il nostro desiderio.

E Perfid de Terroron?

Lui e i suoi uomini si sono rifugiati in una piccola isola, dalla quale non potranno mai tornare.

Lo stregone se ne sta tutto il giorno a masticare e rimasticare rabbia, e dalla sua bocca escono bolle nere e puzzolenti.

Anche i suoi uomini masticano e rimasticano rabbia, e sputano bolle nere.

Il mare, scocciato da quell'isoletta invasa dalle bolle nere, la sta portando via, chissà dove.

E il corvo si è messo finalmente a scrivere.

La fuga dell'albero

Un giovane albero, trapiantato sul marciapiede di una città, non ne poteva piú della polvere, del fumo delle automobili, della mancanza di pioggia. Gli faceva male il tronco. E non sapeva piú dove mettere le radici. Calpestava sempre quelle degli altri alberi, anch'essi sofferenti per il poco spazio.

– Ahi, – si lamentava, – le radici mi stanno strette, inciampo nelle vostre.

– Ti abituerai, caro, – gli disse il vecchio olmo, – e sopporterai. Come noi.

– Io non mi abituo, – replicava l'alberello. – Non voglio cadere morto in mezzo alla strada come il nostro amico.

– Era vecchio e malato, – gli sussurrò un alberello poco piú grande di lui. – Se tu la smettessi di lamentarti, – soggiunse con un tono da saputello, – potresti vedere tante cose belle: i bambini che entrano ed escono dalla scuola materna qua di fronte, salutandoci qualche volta, i cani che ci corrono incontro per annusarci, e non se ne andrebbero mai. E gli uccellini ci fanno compagnia. Sappiamo tutto di loro.

– Sí, sí, vedo, – sospirò l'alberello. – Ma io sono triste...

– Questa mattina, – intervenne il vecchio olmo, – c'era un cielo dai colori fantastici. E un silenzio!

– Non riuscirete a convincermi, – replicò il piccolo acero. – Voglio tornare alla Montagna Rosa, dove sono nato. Ricordo i boschi, lo spazio intorno, l'aria pura.

– Lascialo perdere, – sbuffò l'acero alto al vecchio olmo, – non fa che lamentarsi. Potrebbe fare amicizia con gli altri alberi.

Una notte il piccolo acero decise di fuggire, approfittando del vento che passava da quelle parti.

– Ti prego, vento, aiutami. Voglio tornare alla Montagna Rosa.

Il vento aveva fretta, ma si commosse vedendo l'alberello molto triste. Gonfiandosi tutto, lo aiutò a estrarre le radici dal marciapiede.

– Cosa succede? – esclamò il vecchio olmo svegliandosi. – Non si può stare in pace nemmeno di notte? C'è un terremoto qua sotto?

– Scusami, olmo, – disse l'alberello. – Sono stato io, non è facile tirar fuori le radici.

– Le radici? Ma dove credi di andare?

L'acero grande era arrabbiato.

– Dove credi di andare? – ripeterono gli altri alberi.

– Sei piccolo, – sussurrò il compagno accanto a lui. – Nella notte possono succedere cose terribili a un alberello che se ne va, solo...

– Silenzio! – urlò il vento. – Che faccia quello che vuole. Non vedete com'è triste?

Gli alberi temettero che il vento si innervosisse e li scuotesse di qua e di là, ma il vento se ne andò per i fatti suoi, brontolando che non aveva tempo da perdere.

– Non ho paura, – replicò l'alberello. – Tornerò alla mia montagna, dove sono nato. Dovreste venire via anche voi.

Gli alberi sospirarono. Forse il piccolo aveva ragione, ma non era cosí facile, soprattutto per i piú vecchi, estrarre le lunghe, nodose radici, e tornare nei luoghi dov'erano nati.

I rami fecero un cenno di saluto.

– Addiooo. Buona fortuna. Salutaci la Montagna Rosa.

Un merlo e una merla si affacciarono dal loro nido sul vecchio olmo.

Cos'era tutto quel baccano a quell'ora?

Videro il buco sul marciapiede e l'alberello che se ne andava.

– Peccato, – fece il merlo. – Era cosí giovane, e aveva delle bellissime foglie.

– Speriamo che non se ne vada anche il nostro

albero, – brontolò la merla, assonnata. – Altrimenti dovremo rifarci il nido.

L'alberello si diresse, nel buio fitto, verso la stazione. Pensava alla Montagna Rosa, per farsi coraggio, alle favole che raccontava ai boschi, dopo il tramonto.

– Ehi tu, dove vai? – gli chiesero, curiosi, i pipistrelli che gli svolazzavano sopra.

– Torno a casa, impiccioni.

– Non siamo piccioni, – risposero i pipistrelli, che avevano capito male. – Non lo vedi che siamo pipistrelli? – E se ne andarono, offesi.

L'alberello, mettendo avanti una radice, poi l'altra, sapeva come arrivare alla stazione. Aveva ascoltato spesso gli automobilisti, che fermando l'auto vicino al marciapiede chiedevano ai passanti: «Scusi, mi sa dire dov'è la stazione?». «Vada dritto, volti a destra, ancora dritto, poi a sinistra, sempre dritto fino in fondo, troverà un albergo tondo, che si chiama Rubicone, lo sorpassi, vedrà in fondo la stazione!»

Era un giorno di dicembre, l'aria era fredda e nebbiosa, ma l'acero non aveva ancora perso le sue ultime bellissime foglie rosse dalle sfumature dorate.

Le foglie avevano visto andare via le compagne, in una girandola di colori, ma loro se ne stavano aggrappate ai rami, sapendo che il vento le avrebbe presto staccate.

L'alberello proseguí diritto, girò a sinistra, e in quel momento incontrò un uomo con una giacca fosforescente. Era sceso dalla grande auto che di notte lava, con le sue spazzole, le strade.

L'alberello si fermò di colpo. L'uomo gli si avvicinò.

«Cosa ci fa, sulla strada, quest'alberello estratto dalla terra?» si chiese.

I fari accesi illuminarono l'acero.

– Che bello, – disse l'altro uomo che era sull'auto. – Che belle foglie. Potrei prenderlo io e trapiantarlo in un grande vaso. Tra poco è Natale.

– Non è un abete, – replicò il suo compagno. – Va bene com'è. È bellissimo. Piacerà alla mia bambina.

Presero l'alberello e lo caricarono sull'auto.

L'acero tremava. Si sentiva prigioniero. Chissà che fine avrebbe fatto.

«Rischio di morire, – pensò, spaventato. – Le mie radici moriranno di sete, mi butteranno via».

Lacrime di resina scivolavano lungo il suo tronco. Pensò alla Montagna Rosa, e agli amici lasciati su quel marciapiede, che ora gli sembrava lontano.

Pensò al vecchio olmo, e agli altri alberi che gli avevano detto: «Ma dove credi di andare?».

I due uomini finirono il loro lavoro che era quasi l'alba. Poi uno dei due scese dall'auto, si mise in spalla l'alberello, entrò in un portone, e salí una rampa di scale.

Entrò in casa, portò l'alberello sul balcone perché stesse al fresco, e andò a dormire.

Il piccolo acero cercava di assorbire l'umidità della notte. Sentiva un grande bisogno di terra per le sue radici. «Speriamo che resistano» pensava. Altre lacrime color ambra scesero lungo il tronco.

– Che bello, – esclamò la bambina con i lunghi capelli biondi, vedendo l'albero.

– L'ho trovato in mezzo alla strada, – disse suo padre. – Sembrava che m'aspettasse. Lo mettiamo subito in un vaso pieno di terra, altrimenti muore. Sarà il nostro albero di Natale.

La mamma della bambina staccò a una a una le foglie rosse.

– Farò dei quadretti da regalare. Qualcuna la metterò in un libro. Sono cosí belle!

Il gattino si arrampicò, eccitato, sul tronco. Non gli sembrava vero avere un albero in casa.

– Ahi, – sospirò il piccolo acero. – Che unghie.

Lo misero in un vaso pieno di terra, e lo portarono nel soggiorno.

– Poi lo pianteremo da qualche parte? – domandò la bambina.

– Non credo che vivrà, – rispose il padre. – È un alberello delicato, chissà chi lo ha buttato sulla strada.

La bambina andò a prendere dell'acqua e la versò sulla terra. Le radici, sebbene sofferenti in quel poco spazio, respirarono, e un respiro di sollievo attraversò anche il tronco dell'acero.

L'alberello fu grato alla bambina, ma era cosí triste che i rami pendevano verso il basso, senza piú forze.

Scorgeva dalla finestra il cielo grigio, i palazzi. Gli sembrava di vedere il suo bel sogno di fuga, tutto colorato, spegnersi, e diventare un'ombra nera che lentamente lo avrebbe ucciso.

Si erano accese, nella città, le luci di Natale. Anche vicino al marciapiede, dove erano rimasti gli amici del piccolo acero, splendevano tante piccole luci dorate.

– Sapete che fine ha fatto il vostro amico? – sussurrò una notte il vento, fermandosi a parlare con gli alberi.

– È tornato alla Montagna Rosa, – rispose il vecchio olmo. – Speravamo che qualche uccellino ci portasse notizie.

– Ve le porto io, – disse il vento offeso. – Sono

sempre io a darvi le notizie, gli uccellini sono dei perditempo.

Gli alberi fremettero di curiosità.

– Non è arrivato alla Montagna Rosa, – raccontò il vento. – È stato preso da un uomo e portato in una casa.

– Glielo avevamo detto, – esclamarono, tristi, gli alberi, – che sarebbe andato incontro a brutte avventure.

– Hai sentito? – Il merlo si rivolse alla sua compagna. – È stato catturato. Era cosí giovane, cosí bello.

– Noi di qua non ci muoviamo, – sospirò la merla. – Qua nasceranno i nostri figli, ora che abbiamo un nido.

– Non puoi fare qualcosa? – domandò il vecchio olmo al vento.

– Non è facile, e ora ho molta fretta.

Corse via spazzando le nubi. In cielo apparvero le stelle e la luna piena.

– Ha sempre fretta, – brontolò il vecchio olmo. – Chissà dove deve andare.

– Quando ha troppa fretta, fa disastri, – disse, burbero, l'olmo piú alto. – Vi ricordate l'amico caduto per colpa sua?

– Era malato, – replicò un acero, – molto malato. È bastato un soffio.

La bambina e sua mamma addobbarono l'alberello.

L'acero splendeva di luminose e colorate palline, di nastri d'oro e d'argento.

– Che bello! – esclamò la bambina.

– Guai a te, – disse la mamma, rivolgendosi al gattino che osservava attento l'acero, – se ti arrampichi sull'albero.

Il piccolo acero pensava alla Montagna Rosa, ai boschi, e pensava agli amici lasciati, che ora rimpiangeva. «Morirò, – sospirava, – e mi butteranno via. Se mi fossi accontentato di restare dov'ero, con gli altri alberi e gli uccellini che mi volevano bene...»

La bambina si ricordava ogni giorno di bagnare la terra. Era un momento di gioia, per l'alberello, l'apparizione della bambina con la bottiglia dell'acqua. Temeva invece il gattino, che si arrampicava sul tronco facendo tintinnare le palline.

Qualcuna cadeva.

Trascorsero Natale, Capodanno, l'Epifania. Si spensero, nella città, le luci natalizie.

All'alberello vennero tolti i nastri, le palline colorate.

– Potremmo tenerlo sul balcone, – disse la bambina. – Lo innaffierò tutti i giorni.

– Non so se vivrà, – rispose il padre, – sembra molto sofferente.

Prese il vaso e lo portò sul balcone.

L'alberello respirò l'aria fresca, ma stava ormai molto male. «Non mi resta molto tempo da vivere, – pensò. – Ma è già qualcosa poter rivedere il cielo, la luce».

Era una giornata fredda e luminosa. Dal balcone si vedevano file di alberi sui marciapiedi.

Un uccellino andò a posarsi su un ramo del-

l'acero. Il tronco dell'alberello fu attraversato da un fremito di felicità.

– Mi sembra di conoscerti, – cinguettò l'uccellino.

– Anch'io, – rispose l'alberello, – ho l'impressione di conoscerti.

L'uccellino volò fra i rami dell'acero.

– Non sei, per caso, l'alberello che è fuggito?

– Sí, – rispose l'acero, – sono io. E tu sei l'uccellino che veniva a cantare sui nostri rami prima dell'alba. Tu e i tuoi amici?

– Sí, quelli che fanno un gran baccano, come dice sempre il vecchio olmo brontolone.

Il piccolo acero raccontò all'uccellino la storia della sua fuga. – Fammi un favore, – gli chiese, respirando a fatica. – Io sto per morire, lo sento. I rami sono molto secchi, le radici non ce la fanno piú. Sono un alberello delicato, lo sai.

L'uccellino lo ascoltava commosso.

– Porta un messaggio ai miei amici, al vecchio olmo, all'acero alto. Di' loro che li ricordo con molto affetto. Ho nostalgia della Montagna Rosa, ma ho nostalgia anche degli amici, di voi uccellini, dei bambini che entravano e uscivano da scuola.

– Tornerò presto, – cinguettò l'uccellino, volando via per portare il messaggio.

– Non so se mi troverai, – sospirò il piccolo acero.

Il padre della bambina tolse l'alberello dal balcone.

– Dove lo porti? – domandò, preoccupata, la bambina.

– Lo buttiamo. Purtroppo è morto.

– Volevo che vivesse, – disse commossa la bambina. – Gli ho sempre dato l'acqua.

Anche il gattino sembrava molto triste.

– Aveva già sofferto quando l'ho trovato, – disse l'uomo estraendolo dalla terra. – Sarebbe morto comunque. Chissà chi lo aveva lasciato sulla strada.

Il piccolo acero finí in un cortile, accanto ai bidoni dei rifiuti.

Gli alberi sul marciapiede furono molto rattristati dal racconto dell'uccellino.

– Non poteva che finire in quel modo, – disse un olmo brontolone. – Se ci avesse dato retta! Altro che tornare in montagna e tutte quelle storie sull'aria pura. Si respira quello che c'è.

Il vento, passando, ascoltò il racconto dell'uccellino.

Andò a cercare l'alberello sul balcone, ma non lo trovò. Vide soltanto il vaso vuoto.

Si tuffò giú in cortile, ed eccolo lí.

Il piccolo acero era in terra, con i rami secchi e le radici rattrappite.

– Mi senti? – sussurrò il vento.

L'albero non rispose.

Allora accadde una cosa straordinaria. Il vento soffiò e soffiò, si videro fogli di carta volare nell'aria, sacchetti di plastica che sembravano palloncini, imposte che sbattevano.

– Che vento! – dicevano i passanti, guardando per aria.

Ed ecco che il vento sollevò l'alberello, leggerissimo, e lo portò accanto agli amici. Lo lasciò cadere in quella piccola fossa dove era stato piantato.

– Oooh, – fecero commossi gli alberi, – sembra morto.

Il vento si diresse veloce in un luogo lontano, dove grandi nuvole nere stavano chiacchierando, non sapendo dove andare.

Il vento soffiò e soffiò, e le nuvole arrivarono di corsa dove voleva lui.

Si sciolsero in una pioggia fitta, una pioggia buona che lavò la città, lavò e dissetò gli alberi, rese l'aria piú pulita.

«Quell'alberello è messo male» pensò un pompiere, passando davanti al marciapiede con il suo camion. Stava tornando in caserma, insieme ai colleghi, dopo ore di lavoro.

– Fermatevi, ragazzi! – disse. – Voglio dare un'occhiata a quell'albero. Dev'essere stato sradicato.

Sotto la pioggia che continuava a scendere, il pompiere alzò l'alberello, lo rimise nella fossa e lo ricoprí con cura di terra.

– Arrivederci, amico, – disse il pompiere andandosene. – Passerò domani, vedremo se ce la fai.

Le radici si stirarono lentamente, come se avessero fatto un lungo sonno, i rami, sotto l'acqua benefica, ebbero un sussulto di vita, il tronco fu attraversato da un respiro, poi un altro, e un altro ancora.

– È vivo! – esclamò, emozionato, il vecchio olmo.

– È vivo! – fece il merlo, affacciandosi fuori dal nido.

– È vivo, – cinguettò l'amico uccellino, con le penne fradice.

– È vivo! – soffiò il vento, accarezzandolo.

Sulla città tornò il sole. L'aria era fresca, pulita. Il piccolo acero si guardò intorno felice.

I bambini, dopo le vacanze natalizie, tornavano nella scuola materna davanti al marciapiede dell'acero e dei suoi amici.

– Ciao alberi, – gridò una bambina con un cappottino rosso, agitando in aria le mani. – Ciao alberi, vado a scuola.

Il cane bianco e nero corse felice ad annusare le sue piante preferite.

Un bellissimo uccello dalle piume azzurre, come non se ne erano mai visti in città, si posò su un ramo dell'acero.

I passanti si fermarono stupiti a guardarlo.

– Ciao, piccolo, – cinguettò l'uccello. – Ti porto i saluti della Montagna Rosa, lei non ti ha dimenticato. Verrò presto a trovarti, e ti racconterò le sue favole.

– Grazie, – sussurrò, emozionato, l'alberello.

L'uccello dalle piume azzurre sparí.

L'acero pensò che sarebbe vissuto felice su quel marciapiede, accanto agli amici. Le sue radici si sarebbero adattate allo spazio che c'era.

Con i racconti dell'uccello dalle piume azzurre, e con il pensiero, sarebbe vissuto felice e si sarebbe sentito vicino alla Montagna Rosa.

La strega Bistorta Spuzzina e il Bosco Nero del Mistero

I libri se ne stavano stretti sugli scaffali della libreria. Cosí stretti che non riuscivano piú a respirare.

– Uffa, – sbuffò una notte il libro con il burattino sulla copertina. – Non ce la faccio piú. Soffoco.

– E noi? – risposero gli altri. – Noi cosa dovremmo dire? Abbiamo le pagine tutte indolenzite, le copertine, poi...

– Ma l'hai vista ieri quella bambina? – sussurrò un libretto molto sciupato. – È stata qua un'ora fa per infilarmi in mezzo a voi, eppure lo vedeva che non c'era posto.

– Bastaaa, – urlò, con il fiato che gli rimaneva, un libro di racconti. – Bastaa, non ne posso piú! – E si buttò dallo scaffale, finendo con le pagine aperte sul pavimento.

– Aiuto! – gridarono, spaventati, gli altri libri. – Si sarà fatto molto male.

– Eccí, eccí, che polvere, – si lamentò un piccolo dizionario.

Il cane Sbruffon, avendo sentito il tonfo, si era spaventato ed era corso a nascondersi dietro il divano.

Poi, facendosi coraggio, andò a vedere cosa fosse successo. Per fortuna era soltanto un libro in terra, non un tuono o un petardo.

Il gatto aprí appena gli occhi, infastidito, e riprese a ronfare.

– Sapete cosa vi dico? – esclamò la strega di un racconto del libro caduto in terra. – Che io me la svigno, miei cari.

– Non puoi andare via sola, – gracidò il ranocchio dello stesso racconto.

– Venite anche voi, tu e gli altri rammolliti, – fece lei.

Ma quelli non si mossero.

– Addiooo, – gracchiò la strega Bistorta Spuzzina, dopo avere spolverato, con le mani piene di nodi, il lungo abito nero, i centoundici capelli bisunti, il cappellaccio di piume di civetta. – Addiooo.

– Oh, povera me, – si lamentava la strega camminando nella notte nera. – Ho lasciato nel libro il bastone e le formule magiche. Non posso mica tornare indietro.

Bistorta Spuzzina era una strega notturna, non sopportava la luce. O meglio, era la luce che non sopportava la strega.

Appena vide il sole che nasceva, Bistorta si nascose in fretta e furia in un camino. Stando là dentro a sbuffare, divenne color fumo. Anche i suoi cinque denti, già scuri, divennero nerissimi.

Nascosta nel camino, la strega pensava al Bosco Nero del Mistero, alla sua sporchissima capanna, e sospirava.

Non vedeva l'ora di raggiungere il bosco e di fare quello che voleva, altro che rimanere spiaccicata fra le pagine di un libro, insieme ad altri racconti che le erano molto antipatici.

Susanna, alzandosi, vide il libro per terra.

– Chi è stato? – domandò al cane e al gatto. Il cane la guardava con aria colpevole, anche se non era stato lui, il gatto sonnecchiava. Non si degnò nemmeno di aprire gli occhi.

La bambina prese il libro di racconti, un libro che aveva già letto molte volte, e se lo portò nella sua stanza.

Era domenica e poteva leggere quanto voleva.

Lo aprí alla pagina cinquantaquattro: *La strega Bistorta Spuzzina e il Bosco Nero del Mistero.*

Leggendo, Susanna si accorse che la strega era sparita.

Sfogliò le pagine, avanti, indietro, indietro, avanti. Niente. Senza la strega non si capiva piú il racconto.

– Non c'è la strega, – disse Susanna a Sbruffon, che se ne stava con il muso appoggiato sulle sue ginocchia. – Se tu fossi un cane poliziotto, la troveresti.

Ma Sbruffon aveva paura delle ombre, dei tuoni, dei ladri. Non sarebbe mai diventato un cane poliziotto, e non ci pensava nemmeno ad andare in cerca della strega.

Bistorta Spuzzina uscí con grande fatica dal camino.

Con il buio poteva riprendere la strada che l'avrebbe condotta al Bosco Nero del Mistero.

Era furibonda per avere lasciato nel racconto il bastone e le formule magiche.

– Se avessi avuto meno fretta, – brontolava. – Se... se... se...

– Con i se potrei essere un re, – ridacchiò un uccello notturno sfiorandole la testa.

Ma la strega era troppo immersa nei suoi pensieri e non ci fece caso. – Mi si deve essere rinsecchito il cervello, stretta fra quelle pagine, – sospirava. – Le mie povere ossa, senti come scricchiolano.

Camminò e camminò, con molta fatica, finché giunse al Bosco Nero del Mistero.

Gli alberi, con rami secchi pieni di spine, formavano una barriera che impediva alla luce di entrare.

Bistorta raggiunse la sua grotta coperta dalle ragnatele, aprí una scatoletta e si fece una zuppa di vermicelli al dente.

Poi andò in cerca degli abitanti del bosco.

Non c'era nessuno.

Possibile?

Si grattò nervosamente la testa, e i pidocchi brontolarono, infastiditi.

– Eppure, – sospirò Bistorta, – non mi sembrava che fossero tutti nel racconto, qualcuno sarà pur rimasto nel bosco. O sí? Povera me disgraziata, smemorata, non posso mica tornare a riprendermi le mie formule. Se...

Sei una strega
che non conta,
brutta, sporca
e anche tonta.

disse una voce rimasta imprigionata fra le spine del bosco. Bistorta ebbe una crisi di nervi. Doveva assolutamente ritrovare, nella sua testa, le formule magiche. «Se riuscissi a ricordarle, – pensava, – farei tornare nel bosco tutti i personaggi del racconto. Ma non lui, quel dannatissimo Principe ficcanaso, in cerca di guai».

Stava per ore, disperata, a pensare. E a uno a uno, per lo sforzo, perse i suoi centoundici capelli.

Susanna decise di andare, con Sbruffon, in cerca della strega, e di riportarla nel racconto.

– Non avere paura, – disse al suo cagnolino, a cui tremava la coda, – ci sono io.

Mise nello zainetto il libro di racconti *La strega Bistorta Spuzzina e il Bosco Nero del Mistero* e la mappa per raggiungere il bosco.

– Mamma! – gridò dalla sua stanza, mettendosi la giacca rosa. – Vado a cercare Bistorta Spuzzina. Viene anche Sbruffon.

– Va bene, – rispose la mamma, che stava preparando le lasagne. – Non fare tardi.

«Susanna ha sempre la testa in qualche storia, legge troppo» pensò, accendendo il forno.

– Guardatela, – disse uno dei libri sullo scaffale piú alto. – Chissà dove crede di andare.

– Noi abbiamo piú spazio, ora, – sussurrò il Piccolo Principe. – Io sono cosí delicato!

– Lo sappiamo, povero cocco, – sbuffò il pirata Dentidisqualotigre.

– Il pirata è invidioso, – ridacchiò il libretto delle filastrocche. – Per l'invidia gli si sono ingiallite tutte le pagine.

Susanna camminava da molte ore, ma del Bosco Nero del Mistero nemmeno l'ombra. Sbruffon, che aveva l'aspetto di un lupo bonaccione, le camminava accanto scodinzolando. Si era fatto coraggio: avrebbe protetto Susanna, a qualsiasi costo.

– Ehi tu, piccola! – cinguettò un uccellino con la coda lunga, comparendo improvvisamente davanti ai due viaggiatori. – Mi riconosci? Sono l'uccellino sapiente del racconto numero nove. Mi si sono indolenzite le ali per la fatica di uscire dal libro.

Sbruffon guaí di gioia. A lui piacevano tanto quei piccoli animaletti che volavano.

– Vorrei aiutarti, – soggiunse l'uccellino.

– Conosci la strega? – domandò Susanna stupita. – Non sei nel suo racconto.

– Veramente... – l'uccellino si posò su un ramo. Non si fidava dei cani, ma osservando Sbruffon capí che non era pericoloso. Apparteneva alla razza dei cani sognatori, quelli che si incantano a guardare i palloncini. – Non conosco bene la storia, – soggiunse l'uccellino, – però ne ho sentito parlare dal racconto numero tre.

– Voglio riportare Bistorta nel racconto, e non so come potrai aiutarci. Potrai farci compagnia, se vuoi –. Susanna gli mostrò la mappa segnata sul libro. – Sto seguendo le indicazioni per arrivare al Bosco Nero del Mistero, ma dev'essere molto lontano.

– Vengo con voi, – cinguettò l'uccellino sapiente.

«Se è come nel racconto, – pensò Susanna, – l'uccellino sapiente che non sa niente, ci perderemo».

– Poi torno anch'io nel libro, – cinguettò il codalunga. – Mi sento un po'... – si guardò intorno. – Un po' perso. Però so tante cose. So anche che Bistorta ora è una strega senza arte né parte.

Sbruffon continuava a scodinzolare. Era molto felice di quel nuovo compagno di viaggio. Gli sarebbe piaciuto tanto volare.

Arrivarono finalmente nel Bosco Nero del Mistero. Eccolo, circondato da piante spinose, buio e silenzioso. Anche le stelle erano fuggite da quel pezzetto di cielo sopra il bosco.

Susanna sapeva che si poteva entrare attraversando il grande tronco di un albero, aperto da una parte e dall'altra.

Appena misero piedi, zampe e ali nel bosco, furono investiti dal cattivissimo odore che veniva dalla grotta della strega.

Sbruffon annusava da tutte le parti, era il suo passatempo preferito andare in cerca di odori. E quella puzza non bisognava nemmeno cercarla.

Anche Bistorta stava fiutando.

«C'è un uccellino da qualche parte» pensò, e già lo vedeva lessato, l'uccellino, in un brodo unto e bisunto.

Uscí dalla grotta e si diresse zoppicando verso i tre viaggiatori.

Lei ci vedeva benissimo, al buio.

Susanna era paralizzata dalla paura, e all'uccellino tremavano le piume.

Sbruffon, che sentiva l'odore della paura, capí che si erano messi in un grosso guaio. Che idea arrivare fino a quel bosco senza aver fatto un piano per catturare la strega!

Bistorta Spuzzina si stava avvicinando. Si sentiva il rumore dei suoi zoccoli che calpestavano fango e rami secchi.

«Adesso, mia cara, – ridacchiava Bistorta, che aveva sentito l'odore di Susanna e di Sbruffon, – ti sistemo io. Sono mesi che non mi lasci in pace con quel dannato racconto. Ho un male alle ossa! E a proposito di ossa, o di ossicini, spolperò l'uccellino, cosí impara a starsene al suo posto. Con il cane... magari arrosto».

Susanna avrebbe voluto gridare aiuto, ma non aveva piú voce.

E poi non ci sarebbe stato nessuno, da quelle parti, ad aiutarli.

Un'immagine attraversò la grossa testa di Sbruffon. L'immagine dei suoi nonni che vivevano nella foresta e ululavano.

Si sentí un lupo anche lui. Emise un terribile ululato, poi si avventò sullo zaino, e con i denti affilati tirò fuori il libro dei racconti e lo lanciò in terra.

Mentre nel buio si accendevano, davanti a loro, gli occhi di fuoco della strega, accadde una cosa straordinaria. Dalle pagine aperte usciro-

no tutti i personaggi del racconto e invasero il bosco, che si illuminò.

Bistorta chiuse gli occhi: non era piú abituata alla luce.

Bistorta Spuzzina era stata bella, molto tempo prima, ma non essendo mai contenta di niente, e gelosa di tutto, era diventata una brutta strega.

Aveva imparato subito il mestiere, avendo avuto una bisnonna famosa, una strega finita in un precipizio.

La bisnonna si era rovinata a causa della sua inguaribile invidia. Vedendo che la nipote stava imbruttendo, le aveva lasciato in eredità alcune formule magiche e un boschetto con alberi di mele.

Ma Bistorta, che non sapeva che farsene delle mele, trasformò il bosco, coltivò alberi con le spine, e catturò animaletti e folletti per farne i suoi schiavi.

Un giorno vide la bellissima Aurorina, una ragazzina di un paese vicino, che passeggiava con le amiche vicino al bosco. Divenne verde d'invidia.

Con un piano perfetto, attirò Aurorina nel bosco e la fece prigioniera. Era sicura che con le sue formule magiche si sarebbe impossessata della sua bellezza.

Dimmi ranocchio, io sarò bella
piú della luna, piú di una stella?

domandava al suo schiavo ranocchio.

Certo Bistorta, certo Spuzzina,
ma dovrai metterti in candeggina.

e saltava via prima che alla strega venisse una crisi di nervi e se lo mangiasse vivo.

Mentre Aurorina, prigioniera della strega, diventava sempre piú triste, arrivò da Bistorta l'uccello della notte e gracchiò: – Tutti gli abitanti dei paesi vicini e il principe stanno cercando Aurorina. Hanno appena saputo che è qua.

Bistorta, furibonda, cancellò la luce dal bosco.

Ma il Principe, aiutato da uomini che non avevano paura di niente e dal desiderio di vedere la bellissima fanciulla di cui tutti parlavano, riuscí a liberare Aurorina.

I personaggi del racconto, animaletti e folletti, correvano nel Bosco Nero del Mistero, il ranocchio saltava da tutte le parti, i vermicelli, liberi, si sparpagliarono nella grotta, il Principe catturò la strega.

– Te la riporto nel racconto, – disse il Principe a Susanna, con Bistorta tutta rattrappita sulle spalle.

Il suo bel cavallo bianco e nero guardava con curiosità Sbruffon e l'uccellino sapiente.

– Ma non trovo piú Aurorina, – soggiunse il Principe. Sembrava molto triste.

– Sono io, – esclamò Susanna, incantata dal bellissimo giovane.

Sbruffon abbaiò.

– Smettila di abbaiare, – disse Susanna a Sbruffon, aprendo gli occhi.

– Ti sta avvisando che le lasagne sono pronte, – gridò, dalla cucina, il padre di Susanna. – Vieni a tavola.

Un uccellino dalla coda lunga saltellò sui rami di un albero davanti alla finestra. Era una giornata grigia e nebbiosa, di quelle che fanno venire sonno.

– Susannaaaaa! – gridò la mamma.

– Annaaaaaa! – fece eco la sorellina Clarissa.

– Arrivoooooo!

Sbruffon, che non resisteva all'odore delle lasagne, era già in cucina.

Susanna chiuse il libro e lo mise sul tavolo. Era sicura che Bistorta Spuzzina non sarebbe piú uscita dal racconto.

Indice

La scimmietta Gratta Gratta
e altre storielle

Einaudi Ragazzi

Storie e rime

Pubblicazioni piú recenti

369 Lauren Brooke, *Heartland - Un rischio da correre*
370 Ingo Siegner, *Nocedicocco fa il giro del mondo*
371 Anna Lavatelli, *Rompibot*
372 Nicoletta Costa, *Allumé - Storie di un cavallo*
373 Chiara Carminati, *Diario in corsa*
374 *Storie per ragazze*, a cura di Fiona Waters
375 Stefano Bordiglioni, *Altre dodici fatiche per Ercole*
376 Erminia Dell'Oro, *La Grotta degli occhi dipinti*
377 Pete Johnson, *Come addestrare i genitori*
378 Stefano Bordiglioni, *Diario di Giulio - TOP SECRET*
379 Sebastiano Ruiz Mignone, *Sherloco e il mistero della mucca rapita*
380 Beatrice Masini, *La spada e il cuore - Donne della Bibbia*
381 Lauren Brooke, *Heartland - Nelle mani del destino*
382 Sebastiano Ruiz Mignone, *Il circo di Pelú*
383 Gianni Rodari, *Atalanta*
384 Ingo Siegner, *Nocedicocco e la nave pirata*
385 Roberto Barbero, *Dieci orchi in vacanza*
386 Stefano Bordiglioni, *Il giro del mondo in 28 e-mail*
387 *Mille anni di storie incantate*, a cura di Francesca Lazzarato
388 *Storie classiche - Fiabe, miti, racconti popolari*
389 Vivian Lamarque, *La bambina bella e il bambino bullo e altri bambini e bambine*
390 Roberto Piumini, *La valle dei mulini*
391 Roberto Piumini, *Belle da raccontare*
392 Stefano Bordiglioni, *Lontano dagli occhi, lontano dal cuore*
393 Gianni Rodari, *Venti storie piú una*
394 Beatrice Masini, *Amici per sempre*
395 Rudyard Kipling, *Il libro della giungla*

396 *Mille anni di storie di animali*

397 Jules Verne, *Il giro del mondo in ottanta giorni*

398 Stefano Bordiglioni, *Storie sotto il letto per dormire... quasi tranquilli*

399 *Mille anni di storie divertenti*, a cura di Francesca Lazzarato

400 Ingo Siegner, *Nocedicocco nel castello dei fantasmi*

401 Lauren Brooke, *Heartland - Quando parla il cuore*

402 Robert Louis Stevenson, *L'isola del tesoro*

403 Ingo Siegner, *Nocedicocco e il tesoro nella giungla*

404 Michael Morpurgo, *Storie sotto i baffi - Favole di Esopo*

405 Tony Bradman, *Storie di eroi*

406 Anna Lavatelli, *Il sasso sul cuore*

407 Francesca Longo, *Nonni, si parte!*

408 Jules Verne, *Viaggio al centro della terra*

409 Stefano Bordiglioni, *Quattro giovani Aztechi*

410 Emanuela Nava, *Cari nonni, cara Na*

411 Francesca Ruggiu Traversi, *Tommy Scuro e il segreto di Villa Brivido*

412 Lauren Brooke, *Heartland - Il tempo di ricominciare*

413 Roberto Piumini, *Molte lettere per Sei*

414 Beatrice Masini, *Io e gli invisibili*

415 Stefano Bordiglioni, *Storie prima della storia*

416 Ingo Siegner, *Nocedicocco e il vampiro*

417 Roberto Piumini, *A cavallo fra i castelli*

418 Luca Cognolato, *Basket League - Due sotto canestro*

419 *Tante storie per ragazze*, a cura di Fiona Waters

420 Andrea Salvatici, *Jacob, il bambino di creta*

421 Nicoletta Costa, *Evviva l'alfabeto!*

422 Erminia Dell'Oro, *La scimmietta Gratta Gratta e altre storielle*

Finito di stampare nel mese di gennaio 2011
per conto delle Edizioni **EL**
presso LEGO S.p.A., Vicenza